인생 후반이 이렇게 찬란하다고?

인생 후반이 이렇게 찬란하다고?

지은이 | 박수웅
초판 발행 | 2024. 12. 11
등록번호 | 제1988-000080호
등록된 곳 | 서울특별시 용산구 서빙고로65길 38
발행처 | 사단법인 두란노서원
영업부 | 2078-3333   FAX | 080-749-3705
출판부 | 2078-3331

책 값은 뒤표지에 있습니다.
ISBN 978-89-531-4981-6   03230

독자의 의견을 기다립니다.
tpress@duranno.com   http://www.duranno.com

두란노서원은 바울 사도가 3차 전도여행 때 에베소에서 성령 받은 제자들을 따로 세워 하나님의 말씀으로 양육하
던 장소입니다. 사도행전 19장 8-20절의 정신에 따라 첫째 목회자를 돕는 사역과 평신도를 훈련시키는 사역, 둘째
세계선교(TIM)와 문서선교(단행본·잡지) 사역, 셋째 예수문화 및 경배와 찬양 사역, 그리고 가정·상담 사역 등을
감당하고 있습니다. 1980년 12월 22일에 창립된 두란노서원은 주님 오실 때까지 이 사역들을 계속할 것입니다.

액티브 시니어

인생 후반이
이렇게 찬란하다고?

박수웅

ACTIVE
SENIOR

두란노

차례

3
chapter

혼 관리 : 두려워 말고 내일을 기대하라

4
chapter

육 관리 : 하나님의 성전임을 기억하라

7
chapter

일상 관리 : 세상에 적극적으로 들어가라

추천의 글

명사가 추천합니다

이 책은 가슴 뛰게 만듭니다. 저자는 언제나 영원한 청춘으로 사시는 분입니다. '나이 듦은 착각'이라는 역설적인 도전을 주시는 분입니다. 한국 사회는 점점 젊은 시니어들이 늘어나고 있습니다. 이 책은 젊은 시니어들에게 소망을 줍니다. 저자처럼 영원한 청춘으로 살도록 도와줍니다. 저자는 나이 듦을 성장과 봉사를 위한 신성한 기회로 재정의합니다. 의미 있는 삶을 위한 기초로서 기도와 말씀을 통한 믿음을 강조합니다. 이 책은 꿈꾸게 만듭니다. 평생학습자로 살게 합니다. 영혼과 정신과 육체를 건강하게 만들어 줍니다. 아름다운 관계를 맺도록 도와줍니다. 감사를 통해 풍성한 삶을 살도록 도와줍니다. 이 책은 나이 듦을 안타까워하는 장청년들의 필독서입니다. 주옥 같은 지혜가 담긴 이 책을 액티브 시니어로 살기 원하는 분들에게 추천합니다.

강준민 목사 | L.A. 새생명비전교회 담임

'나이는 숫자에 불과하다.' 언젠가부터 우리가 입에 밴 듯 사용하는 말입니다. 정말 그렇게 생각합니까? 우리에게 친숙한 가정 사역자인 저자는 이 책으로 나이 듦 앞에서 움츠러들고 머뭇거리는 성도들을 일으켜 세웁니다. 인생의 전반전을 치열하게 살아 냈다고 하더라도, 우리에게는 아직 후반전이 남아 있습니다. 역동적인 인생의 후반전을 위해 저자는 영혼육 및 삶을 관리하는 세세한 방법을 제시합니다. 그 지침을 따라 오늘을 살아 내고 내일을 준비하다 보면 여전히 찬란한 인생 후반전을 살아 내고 있는 자신을 발견하게 될 것입니다. '액티브 시니어!' 역동성을 잃지 않고 믿음의 경주를 완주하려는 이들에게 이 책을 추천합니다.

김병삼 목사 | 만나교회 담임

코스타 강사로 섬기면서 만난 분들 중에 가장 오래 마음에 남는 분이 박수웅 장로님입니다. 저보다 13년 선배이시지만 늘 가까운 친구같이, 동료같이 다가와 주시고 위로와 격려를 주셨습니다. 그런 장로님의 열정과 사랑, 경건함이 너무나 좋았고 본받고 싶었습니다.

이 책을 읽으며 10년 전 65세 이상 되신 교인들을 위하여 갈렙교회를 창립할 때가 생각났습니다. 65세 이상 되신 교인들의 공동체를 독립시키면서 이 세상에서 경험할 수 있는 가장 원형의 교회를 세워보시라는 사명을 드렸습니다. 인생 중에 가장 천국에 가까이 다가선 시기이니 '이제는 천국에서처럼 살아 보자!' '성전된 자로 살아가자' '오직 사랑만 하며 살아보자'고 했습니다.

이 책은 박수웅 장로님이 바로 그 마음으로 은퇴를 준비하고 있거나 이미 은퇴한 사람에게 영혼육의 관리부터 관계, 재정, 일상 관리, 삶의 습관까지 성경 말씀을 기초로 너무나 설득력 있게 풀어 가고 있습니다. 이 책을 읽으면 노후에 대한 불안함과 근심, 염려를 주님께 맡기게 됩니다. 우리와 친히 동행하시고 세세하게 인도하시는 주님을 더욱 가까이에서 느낄 수 있습니다.

유기성 목사 | 선한목자교회 원로, 위드지저스미니스트리 이사장

지금 우리는 바야흐로 백세 시대를 열고 있습니다. 은퇴 이후, 30-40년을 더 살아야 하는 시대를 맞이하고 있습니다. 그런데 사람들은 저자의 말처럼 그 남은 시기를 향한 비전을 갖고 있지 못합니다. 그들을 향해 영원한 청년 박수웅 장로는 도전합니다. 그 시기를 향한 꿈의 이력서를 써 보라고. 그러면 놀랍게도 이 시기가 시간을 낭비하고 버티는 인고의 계절이 아닌 우리 인생을 완성하기 위한 빛나는 성숙의 계절이 될 것이라고 말입니다. 그렇습니다. 우리 시대가 기다리는 시니어는 더이상 죽음의 날만 기다리는 패시브 시니어가 아닌 죽음 건너의 부활을 창조하는 액티브 시니어입니다. 인생 후반 찬란한 꿈을 꾸는 모든 이들에게 이 책을 강추합니다.

함께 액티브 시니어의 행진에 동참한
작은 목동, 이동원 목사 | 지구촌 목회리더십센터 섬김이

'액티브 시니어'에 대한 가장 정확한 설명은 저자인 박수웅 장로님의 삶 그 자체일 것입니다. 그는 젊은 시절부터 지금까지 쉼 없이 주께서 기뻐하시는 일을 위해서 힘차게 달려왔습니다. 그리고 하나님은 그런 그를 기쁘게 여기시어 항상 새 힘을 부어 주셔서 풍성한 사역의 열매를 맺는 축복을 주셨습니다. 이런 하나님과 끊임없이 교제하는 기쁨과 열정으로 가득한 책입니다. 하나님께 기쁨으로 삶을 드리기를 원하는 많은 분들께 좋은 안내서가 될 것입니다.

홍정길 목사 | 남서울은혜교회 원로, 밀알복지재단 이사장

가족이 추천합니다

내 남편은 지금도 성장하고 있다. 그는 충실하고 배려심 많고 나를 보호하며 사랑하는 참 좋은 남편이다. **김예자 | 아내**

아빠는 치어리더(Cheer Leader)이다. 언제나 내 편이 되어 하나님의 길로 이끌어 주신다. **박형진 | 큰아들**

아빠는 내게 세상에 하나밖에 없는 귀한 딸이라고 하시며 격려해 주신다. 우리 가족을 신앙으로 인도해 주는 따뜻하고 사랑이 많은 분이다. **박미경 | 큰딸**

아빠는 넘치도록 긍정적인 분이다. 이런 긍정 에너지는 하나님 때문에 나온다고 생각한다. **박명진 | 막내아들**

아버님은 나팔수이시다. 아버님의 목소리에는 힘이 있다. 하나님은 아버님에게 복음을 선포하는 비전을 주셨다. 그것이 큰 축복이다. **홍승한 | 큰사위**

아버님은 아주 즐겁고 행복하고 배려하는 분이다. 친아버지 같다. **박현아 | 큰며느리**

아버님은 우리의 멘토이시다. 아버님은 아주 너그러우시고 지혜로우시며, 자녀들에게 비전을 보여 주신다. **박아나 | 작은며느리**

할아버지는 늘 밝고 친절하시다. 어떤 상황에도 늘 웃음으로 내 마음을 환하게 만드신다. **박하은 | 큰손녀**

할아버지는 젊은이 같은 활기로 나와 같이 춤도 추시는 친구다. **박하영 | 작은손녀**

할아버지는 열심히 일하시면서도 늘 즐거운 분이시다. 우리와도 늘 즐거운 시간을 가지신다. **박하늘 | 작은손녀**

할아버지를 생각하면 늘 감사하고 은혜가 넘친다. 조그마한 일에도 늘 감사하시는 분이다. **박하진 | 작은손자**

프롤로그

여전히 찬란한 인생 후반전을 위해

얼마 전 저는 80세 생일을 맞았습니다. 가족의 축복 속에서 너무나 행복한 시간을 보냈습니다. 젊은 시절 예수님을 인격적으로 만난 이후 하나님이 보여 주신 꿈을 좇아 꼼꼼하게 설계된 비전 인생대로 열정을 다해 달려왔습니다. 하나님은 제 인생을 아름다운 걸작품으로 조각해 주셨습니다.

하나님이 모세의 120년 삶을 40년 단위로 나눠 인생 1막, 2막, 3막을 여셨던 것처럼, 제 인생도 3막으로 구분할 수 있습니다. 1막은 미국에서 의사로서 열심히 살아온 40대까지의 삶이었고, 2막은 과감히 의사를 그만두고 프리랜서로 활동하면서 성경을 가르치는 사역자로 살아온 삶입니다. 이제 시작한 3막 인생에 저는 새로운 꿈을 꿉니다. 그래서 매일 아침이 기다려집니다. 3막은 곧 내 인생의 가장 빛나는 황금기가 될 것이기 때문입니다.

문화체육관광부에서 발표한 "2023 국민 여가 활동 조사"를 보면, 15세 이상 남녀 만 명을 대상으로 우리나라 국민의 주요 여가 활동을 조사한 결과, 1위가 'TV 시청'입니다. 31.6퍼센트의 응답자가 이렇게 답했고, 수년째 이 활동이 1위를 기록하고 있다고 합니다. 그다음은 모바일 콘텐츠나 OTT 시청이 10.5퍼센트를 차지했습니다. 1위와 2위의 여가 활동을 합치면 무려 42퍼센트나 됩니다.

우리나라는 현재 세계에서 유례없이 빠른 초고령사회에 진입하고 있습니다. 또 586세대라 불리는 1960년대 생 860만 명이 은퇴를 앞두고 '제2의 삶'을 개척해야 하는 과제와 마주했습니다. 만약 은퇴 후에 어떻게 살아야 할지 명확한 목표와 계획을 세우지 않는다면 대부분의 시간을 TV와 콘텐츠 시청으로 낭비하게 될 것입니다.

나이가 들면서 하루하루가 반갑지 않은 이유는 비전이 없기 때문입니다. 열심히 일하다 퇴직을 하면 기나긴 시간을 어떻게 써야 할지 막막합니다. 또 교회에서는 일반적으로 70세 이후에 은퇴를 합니다. 집사로, 권사로, 장로로 열심히 사역하다가 사역을 내려놓으면 허탈감에 힘겹습니다.

저는 예수님을 믿으면서 비전과 소망이 없다는 것은 말도 안 된다고 생각합니다. 이 책을 통해 은퇴를 준비하고 있거나 이미 은퇴한 사람에게 새로운 비전을 보여 주고자 합니다. '이제 은퇴했으니 나는 끝났다'는 생각을 버리고, 남은 인생 더욱 하나님께 멋지게 쓰임받도록 주님과 함께 새판을 짜는 실질적인 방법을 이 책에 담았습니다. 건강한 삶의 핵심이 되는 영혼육 관리부터 관계, 재정, 일상 관리, 그리고 인생 후반부를 맞이한 크리스천의 영적 태도와 생활 습관까지 성경 말씀을 기초로 제 경험과 함께 풀어 보았습니다.

사도 바울은 고린도교회에게 "내가 너희에게 권하노니 너희는 나를 본받는 자가 되라"(고전 4:16)고 말했습니다. 이 말씀을 영어성경(NIV)에는 "Therefore I urge you to imitate me"라고 번역해 놓았는데, 이는 사도 바울이 자신을 높이거나 교만하여 한 말이 아니라 연약한 성도를 배려하는 마음으로 '나를 본받으라'고 한 것입니다.

사실 사도 바울이야말로 한평생 단 한 분을 본받은 사람이었습니다. 바로 예수 그리스도입니다. 사도 바울은 예수 그리스도를 롤 모델(role model)로 삼아 평생 그분의 삶과 가르침을 따르고 본받으려고 힘을 다해 노력했습니다. 그렇기에 그는 자신 있게 고린도교회 성도들에게 "나를 본받으라"고 말할 수 있었습니다. 우리도 사도 바울처럼 내 자녀와 다음 세대에게 "예수 그리스도를 닮으려 노력하는 나를 본받으라"고 자신 있게 말할 수 있는 인생이 되어야 합니다.

노후에 대한 불안과 근심, 염려를 모두 주님께 던져 버리십시오. 이 책을 통해 우리와 친히 동행하시고 세세하게 인도하시는 하나님을 더욱 가까이에서 느끼고 풍성한 열매를 맺으며 살기를 바랍니다.

그는 늙어도 여전히 결실하며 진액이 풍족하고 빛이 청청하니
시 92:14

내 옆에서 늘 '청년 박수웅'으로 살 수 있도록 마음과 뜻을 같이해 주는 사랑하는 아내에게 감사를 전합니다. 엄마와 아빠를 늘 응원하고 우리를 위해 기도해 주는 열 명의 자녀와 손주들에게도 고마운 마음입니다. 가슴에 오랫동안 품고 있었던 '중년을 위한 비전 인생'이라는 주제를 책으로 출간하도록 수고해 준 두란노 가족과 하나님 나라를 위해 힘써 사역하는 모든 동역자에게도 감사를 드립니다.

2024년 12월
박수웅

1

내 최고의 날은
아직 오지 않았다

Active Senior

현재 나에게 꿈이 있는가

한번은 미국 캘리포니아에 사는 정년퇴직한 의사들을 대상으로 강의를 했습니다. 그곳은 일 년 내내 날씨가 좋고 공기도 맑으니 노후를 보내기에 더할 나위 없이 좋아 보였습니다. 그들은 젊을 때 재산도 제법 모아 여유가 있었습니다. 그래서인지 미국에서 안정적인 생활을 누리고 있었고, 자녀들도 잘 키워 큰 걱정이 없어 보였습니다.

하지만 은퇴 후 새로운 꿈을 꾸거나 도전하는 사람은 많지 않았습니다. 그저 골프 치고 친구들과 만나서 차 마시고 잡담이나 하면서 세월을 보내고 있었습니다. 돈은 많지만 '졸혼'하여 가정이 깨진 사람도 있었고, 모아 둔 돈 대부분을 주식 투자로 손해 보고 우울증에 시달리는 사람도 있었습니다.

아무리 화려한 과거라 할지라도 중요한 것은 '현재 나에게 꿈이 있느냐'입니다. 꿈이 없는 사람은 아침이 그리 반갑지 않습니다. "오늘도 똑같은 날이 왔네. 오늘은 뭐 하지?" 하고 말합니다. 하지만 꿈이 있으면 매일 밤 잠자리에 들 때마다 내일이 기다려집니다. 새 일을 향한 열정으로 가득합니다.

사무엘 울만(Samuel Ullman)은 '청춘'에 대해 "청춘이란 인생의 어느 기간을 말하는 것이 아니라 마음의 상태를 말한다"라고 표현했습니다. 모세가 쓴 시편에도 이런 말씀이 있습니다.

우리의 연수가 칠십이요 강건하면 팔십이라도 그 연수의 자랑은 수고와 슬픔뿐이요 신속히 가니 우리가 날아가나이다 시 90:10

모세는 40세에 이집트에서 미디안 광야로 도망쳐 40년 동안 양을 치며 살았습니다. 스스로 자신의 인생은 이제 끝이라고 생각했을지 모릅니다. 하지만 그의 나이 80세에 하나님이 그를 부르십니다. 그 후 그는 이스라엘 백성을 가나안 땅으로 인도하는 사명을 받고 40년을 더 쓰임받았습니다.

남은 생애, 어디에 투자해야 많은 돈을 벌 수 있을까에 시간을 쓰는 것이 아니라 어떻게 하면 하나님을 기쁘시게 할까를 고민하는 것이 지혜롭습니다. 하나님은 모든 사람에게 각각의 재능을 주셨습니다.

제 친구 중 한 명은 컴퓨터공학을 전공했습니다. 그 친구는

프로그램 개발 회사에서 일하다가 퇴직했습니다. 그는 퇴직 전에 틈틈이 자신의 재능을 하나님을 위해 사용하고자 훈련을 받았고, 퇴직하자마자 위클리프성경번역선교회 소속 선교사로 인도네시아 자카르타로 떠났습니다. 그곳에서 컴퓨터 기기를 세팅해 주고, 문자가 없는 종족에게 성경을 현지어로 번역하는 일을 돕고 있습니다.

알고 지내던 의사 한 명도 역시 은퇴를 하자마자 에티오피아로 갔습니다. 거기에 병원을 세운 후 원장으로 섬기고 있습니다. 그는 그 지역의 슈바이처가 되기를 꿈꾸며 아픈 이들을 돌보고 있습니다.

백세 시대입니다. 의료 기술이 발전하고 경제도 성장하여 먹을거리도 많으며 삶이 풍요로워졌습니다. 지금 50대라면 이제 전반전이 끝나고 후반전이 시작된 것입니다. 후반전을 시작할 때 우선 전반전에 어떻게 살아왔는가를 평가하는 시간이 필요합니다. 그동안 살아오면서 잘했거나 좋았던 것 혹은 잘못된 것이나 후회하는 것 등을 되새김해 보고 후반전 작전 계획을 세워야 합니다. 그래야 장수가 재앙이 아닌 축복이 될 것입니다.

유성은의 《나의 우선순위는 하나님 당신입니다》에 이런 글이 나옵니다.

"나무에게 배우자. 봄과 여름에 푸릇푸릇한 나뭇잎을 무성하게 달고 있던 나무는 가을이 되면 미련 없이 그 잎들을 떨쳐버린다. 그렇게 해야만 자기를 보존할 수 있고, 새로운 삶을 기대할 수 있기 때문이다. 묵은 것을 버리지 않고 새 것이 돋아나지 않는 법이다. 우리 삶에서 욕망을 줄이고 분수 있게 살기 위해 줄여야 할 것은 무엇일까?"

하나님은 우리 안에 새 일을 행하시고 새 역사를 이루실 것입니다. 이때 우리의 옛 습관과 고집, 과거의 경험이 인생 후반부를 달려 나가는 데 방해가 되지 않도록 "새 포도주는 새 부대에 넣어야"(마 9:17) 합니다.

따라서 연약한 부분은 고치고 재정비하며 강점은 더욱 강화하십시오. 만약 전반전에 조금 실수가 있고 그리 만족한 삶이 아니었다 할지라도 후반전 전략을 잘 세우면 역전의 인생을 살 수 있습니다.

95세의 나를 위해
미래 이력서를 쓴다

　몇 년 전 LA에 있는 은퇴한 의사들의 모임에 참석했습니다. 이야기를 나눠 보니 경제적으로는 제가 가장 재산이 적었습니다. 의사로 경력을 이어 온 친구들은 집과 건물을 몇 채씩 소유하고 있었고, 저축도 많이 했습니다. 대부분 부자였습니다.

　하지만 우리 부부는 자식들을 독립시킨 후 그리 큰 집이 필요 없어서 둘이 살기에 딱 좋은 아담한 콘도로 이사했습니다. 주님이 맡겨 주시는 사명을 감당하는 데 넓은 집은 필요 없었습니다. 그리고 저는 명품이나 고급 승용차 등에도 관심이 없습니다. 저는 강단에 올라가서 가끔 이렇게 이야기합니다.

　"저는 명품에게 신세 지고 싶지 않습니다. 저는 하나님의 아들입니다. 사람들이 제가 맨 명품 넥타이 때문에 저를 존경하는 것이 아니라 오히려 넥타이가 저로 인해 영광을 받아야 합니다."

저는 썩어 없어질 것에 투자하지 않습니다. 제가 매는 넥타이들은 지하철역에서 3천 원 주고 산 것이 대부분입니다. 대신 저는 검소하게 생활하여 모은 돈으로 강연 초청을 받으면 자비량으로 비행기 티켓을 구매하여 5대양 6대주를 종횡무진 다니며 강의와 세미나를 인도하고 옵니다. 사례비를 받으면 교회에 헌금하고 돌아올 때도 많습니다. 그저 저를 사용하시는 주님께 감사할 따름입니다. 하나님이 부족한 부분을 넘치도록 채워 주시는 것을 경험하며 살고 있습니다.

저는 40년 동안 큐티를 하고 있습니다. 하나님 아버지 앞에 저의 삶을 맡기며 그분의 뜻이 무엇인지 구하는 것으로 하루를 시작합니다. 하나님과 동행하다 보니 주님의 지상명령을 따르기 위해 준비가 필요하다는 생각을 하게 되었습니다.

사람이 마음으로 자기의 길을 계획할지라도 그의 걸음을 인도하시는 이는 여호와시니라 잠16:9

이 말씀을 자세히 보면 여호와께 내 길을 맡기되 나도 대비는 해야 한다고 하십니다. 계획을 세우라는 것입니다. 손 놓고 '주님이 모두 해 주시겠지' 하는 것은 한 달란트 받은 종이 그 달란트를 땅속에 묻어 놓은 것과 같습니다. 주님은 다섯 달란트 남

인생 후반이 이렇게 찬란하다고?

긴 종과 두 달란트를 남긴 종에게 "잘하였도다 착하고 충성된 종아" 하며 칭찬하시지만, 한 달란트를 땅에 묻어 놓은 종에게는 "악하고 게으른 종아"라고 책망하셨습니다(마 25:14-28).

저는 지금까지 늘 부지런히 계획하며 살고 있습니다. 제 책상에는 인생 계획표가 붙어 있습니다. 일주일 계획표와 한 달 계획표가 있고, 그다음에 1년 계획표가 있는데 매일 그 계획대로 행하며 살고 있습니다. 청년 시절에 예수님을 만난 이후 습관이 되었습니다. 이러한 계획들은 25년 주기의 큰 그림 하에 세분화한 것들입니다.

저는 40대였던 1980년대 후반부터 '미래 이력서'를 쓰기 시작했습니다. 이력서는 과거를 기술하는 것이지만, 미래 이력서는 내가 해 나가야 할 이력들을 기록하는 것입니다. 제가 50대 즈음부터는 새해가 되면 '앞으로 25년 후에 나는 어떤 사람이 되어 있을 것인가' 하고 기록해 보았습니다. 지난 2014년에 저는 만 70세가 되었습니다. 그때 25년 후인 2039년에 나는 어떤 사람이 될지 그려 보고 기록했습니다. 2039년, 즉 95세 때 실행할 미래 이력서를 썼습니다. 감사하게도 하나님은 지금까지 작은 종의 큰 그림을 축복해 주셨고, 그 계획보다 더 크게(렘 33:3) 제 인생을 이끌어 주셨습니다.

저는 미국에서 소위 잘나가는 의사였지만 40세 때 안정적인 일자리를 내려놓았습니다. 세계를 다니며 가르치고, 전파하고, 치유하는 사역을 하기 위해 간간이 파트타임으로 일했고, 필요한 돈이 모인 후 60세 때 과감히 은퇴했습니다.

저는 80세가 된 지금이 인생의 황금기라고 생각합니다. 제 인생 최고의 날은 아직 오지 않았습니다. 가장 좋은 것은 아직 오지 않았기에 내일이 너무 기다려집니다(I can't wait for tomorrow! because The Best is yet to come!).

영, 혼, 육의
기초 체력이 필요하다

인생의 후반전 준비는 50세가 되어서야 할 것이 아니라 30-
40세 때부터 시작해야 합니다. 하나님이 부르신 뜻대로 풍성하
고 지혜로운 인생 후반전을 살 수 있도록 준비해야 합니다. 그러
면 후반전을 시작하는 총소리가 울릴 때 두려움 없이 힘차게 경
기장을 달릴 수 있습니다.

우리의 모델은 예수님입니다. 예수님의 모든 사역은 세 가
지로 축약할 수 있습니다. 가르치고, 전파하고, 고치시는 사역
입니다.

예수께서 온 갈릴리에 두루 다니사 그들의 회당에서 가르치시
며 천국 복음을 전파하시며 백성 중의 모든 병과 모든 약한 것
을 고치시니 마 4:23

가르친다는 것은 티칭(teaching)이고, 전파한다는 것은 프리칭(preaching)이고, 고친다는 것은 힐링(healing)입니다. 예수님은 첫째, 많은 사람에게 하나님 나라를 가르치셨습니다. 또 제자들을 훈련하셨습니다. 둘째, 천국 복음을 전파하셨습니다. 셋째, 예수님은 많은 병자를 고치셨습니다. 저는 예수님의 세 가지 사역 중 세 번째, 힐링에 초점을 두고 싶습니다. 예수님이 병자들을 다 고치고 난 다음에 하신 말씀 중에 주목할 부분이 있습니다. 예수님은 치유받은 자들에게 "네 병이 나았으니 집에 가라" 하지 않으시고 "네가 구원을 받았다"라고 말씀하십니다. 예수님은 육체의 병만 치유하신 것이 아니라 영혼의 병까지 고쳐 주셨습니다. 즉 영(spirit)과 혼(soul)과 육(body)을 다 고치신 전인치유 사역(Wholistic Healing Ministry)이라고 볼 수 있습니다.

후반전을 준비하는 우리도 예수님이 행하신 것처럼 영과 혼과 육을 건강하게 유지해야 합니다. 나이들수록 신앙이 희미해지고, 성격이 못돼지고, 몸 관리를 엉망으로 해 자기뿐 아니라 가족과 주위 사람을 괴롭게 한다면 행복한 인생 후반전을 보낼 수 없습니다.

저는 앞으로 이 책을 통해 행복한 인생 후반전을 보내는 비결을 소개하려 합니다. 이 세 가지는 연결되어 있습니다. 그리고 전인치유가 이뤄질 때 예수님처럼 가르치고 전파하는 사역의 기초 체력이 갖춰질 것입니다.

평강의 하나님이 친히 너희를 온전히 거룩하게 하시고 또 너희
의 온 영과 혼과 몸이 우리 주 예수 그리스도께서 강림하실 때
에 흠 없게 보전되기를 원하노라 살전 5:23

이 말씀 중 "너희의 온 영과 혼과 몸"이라고 한 부분을 영어
성경(NIV)은 "your whole spirit, soul and body"로 번역했습니
다. 영, 혼, 육 중 몸만 건강해서 세상 것만 추구하거나 주님 보시
기에 악한 행동을 한다면 안 되겠지요. 크리스천은 육체의 건강
뿐 아니라 영, 혼, 육이 모두 건강하도록 힘써야 합니다.

2
CHAPTER

영 관리 :
전능하신 하나님께 맡기라

Active Senior

인생 후반,
믿음을 점검해 보라

한국리서치 정기조사 '여론 속의 여론'에 의하면 2023년 1월부터 11월까지 진행한 22번의 조사 결과(각 조사별 1,000명, 총 응답자 수 2만2,000명), 전체 인구의 20퍼센트가 크리스천이라고 합니다. 그러면 우리나라에서 다섯 명 중 한 명은 크리스천이라는 의미입니다. 이는 결코 적은 수가 아닙니다.

바닷물의 소금 농도는 평균적으로 약 3.5퍼센트입니다. 이 소금 덕분에 바닷물이 썩지 않고 있으며, 바닷속 생명체들이 생존하고 성장할 수 있습니다. 그런데 우리나라에 이 소금 같은 역할을 해야 할 크리스천이 20퍼센트나 되는데도 세상의 부패를 막지 못하고 있습니다. 짠맛을 잃은 소금입니다. 무늬만 소금인 가짜입니다.

나더러 주여 주여 하는 자마다 다 천국에 들어갈 것이 아니요

다만 하늘에 계신 내 아버지의 뜻대로 행하는 자라야 들어가리
라 마7:21

우리는 크리스천답게 살아야 합니다. 세상에 선한 영향력을
미쳐야 합니다. 말로는 구원받았다고 하는데 구원받은 자다운
삶의 변화가 전혀 일어나지 않는다면 의심해 봐야 합니다.

한번은 어떤 자매에게 이메일을 받았습니다. 자신은 교회 청
년부에서 임원으로 열심히 섬기고 있는 형제와 교제 중인데 그
청년과 결혼하고 싶다고 했습니다. 그는 하나님을 신실하게 믿
고 건실하며 신뢰가 가는 사람이라고 했습니다.

문제는 자매의 어머니가 결혼을 반대한다는 것이었습니다.
반대 이유는 첫째로 청년이 키가 작아서였고, 둘째로 상위권 대
학을 나오지 않았고, 셋째로 시원찮은 회사를 다니고 있어서였
습니다. 결론적으로 자신의 딸이 그 형제와 결혼하면 고생할 것
이므로 결혼을 완강히 반대했습니다. 그 자매는 저에게 어떻게
해야 하는지 물었습니다. 어머니의 말씀을 어기고 그 청년과 결
혼해도 되는지, 아니면 어머니의 말씀에 순종해야 하는지를 두
고 너무 괴로워했습니다. 하나님께 기도하면 그 청년을 하나님
이 기뻐하신다는 것이 느껴졌고, 세상 조건은 부족해 보여도 함
께 하나님을 잘 섬기며 살 수 있을 것 같다고 했습니다.

그런데 이메일의 마지막 글이 저를 충격에 빠뜨렸습니다.

"제 어머니는 우리 교회 전도사입니다."

저는 그 자매에게 이렇게 답변을 보냈습니다.

"결혼 허락을 얻기 전에 먼저 어머니께 복음을 전하십시오. 그분은 신학교를 졸업했지만 아직도 예수님을 믿지 않는 것 같습니다."

저는 그 자매의 어머니가 예수님을 진짜로 믿지 않는다고 생각합니다. 예수님을 제대로 믿는다면 세상 조건을 보고 반대하지 않았을 것입니다. 키가 큰가, 얼굴이 잘생겼는가, 재산이 많은가, 좋은 대학을 나와 좋은 직장에 다니는가가 예비 사위의 중요한 조건이라면 그는 믿지 않는 사람과 다를 바가 없습니다. 신학대학원을 졸업하고 전도사가 됐어도 예수님을 믿지 않는 사람도 있습니다. 진심으로 예수님을 자신의 구주로 믿고 있는지 꼭 점검해 보십시오. 믿는 여하에 따라 사후에 어디로 갈지가 결정되기 때문입니다.

우리가 정말로 구원을 받았고 늘 말씀을 가까이하며 주님과 동행하며 살면 무엇이든 선택이 쉬워집니다. 말씀이 기준이 되고 하나님 중심으로 결정하기 때문입니다. 여러분은 어떻습니까? 사람의 인격과 신앙을 봅니까, 이 세상의 기준으로 판단합니까?

예수님은 십자가를 지시기 전 겟세마네 동산에서 마지막으로 이런 기도를 드리셨습니다.

아버지여 만일 아버지의 뜻이거든 이 잔을 내게서 옮기시옵소서 그러나 내 원대로 마시옵고 아버지의 원대로 되기를 원하나이다 눅22:42

예수님은 이 기도를 드리신 후 좌우로 흔들리지 아니하고 십자가를 지고 골고다 언덕까지 오르셨습니다.

우리의 선택 기준은 '이걸 선택하면 내가 고생하겠네'가 아니라 하나님 중심으로, 그분의 뜻대로 결정하는 것입니다. 그 길에 십자가와 핍박과 멸시와 모욕이 있다 해도 말입니다. 하지만 베드로와 다른 제자들은 좌우를 이리저리 살폈습니다. 한 여종이 베드로에게 "이자가 예수와 함께 있었다"라고 하니까 "아니오. 나는 그를 모르오" 하면서 예수님을 배반했습니다. 마태복음 7장 22-23절 말씀을 읽고 긴장하며 살기를 바랍니다. 예수님의 이름을 도용하지 마십시오.

그날에 많은 사람이 나더러 이르되 주여 주여 우리가 주의 이름으로 선지자 노릇 하며 주의 이름으로 귀신을 쫓아내며 주의 이름으로 많은 권능을 행하지 아니하였나이까 하리니 그때에 내가 그들에게 밝히 말하되 내가 너희를 도무지 알지 못하니 불법을 행하는 자들아 내게서 떠나가라 하리라 마 7:22-23

인생 후반, 새판을 짜기 위해서는 스스로 믿음을 점검해 봐야 합니다. 우리가 사도 바울처럼 푯대를 향해 예수 그리스도만 바라보며 살고 있는지 아니면 자기 확신으로 신앙생활을 하고 있는지 말입니다. 나이가 들수록 신앙이 익어 가야 존경받습니다. 벼 이삭이 익어 갈 때 고개를 숙이듯 더욱 겸손해지고 섬기는 사람이 되어야 합니다. 그러면 노후가 더 멋질 것입니다. 좌로나 우로나 치우치지 않고 앞으로 쭉쭉 뻗어 나갈 수 있습니다.

말씀 생활로
영적 근력을 키우라

인생 후반전을 계획할 때 우선순위를 두어야 할 것은 바로 하나님과 나와의 관계입니다. 우리 몸도 뼈가 튼튼하고 바르게 잘 세워져야 다른 부분들이 보호되고 장기들이 긴밀히 제역할을 잘 감당하듯이, 우리도 하나님과의 관계가 올바로 세워져야 모든 분야에서 건강할 수 있습니다.

하나님과의 관계를 올바로 세우기 위해서 우리는 먼저 말씀 생활을 바로 세워야 합니다. 하나님의 말씀을 아는 일에 힘써야 합니다. 말씀 묵상을 통해 영적 근력을 키워야 합니다. 영성 관리의 핵심은 말씀 생활입니다. 예수님도 늘 말씀과 함께 사셨습니다. 우리도 말씀을 마음을 새기기 위해 일정한 시간을 투자해야 합니다. 말씀을 가까이하면 말씀에 대한 확신이 자라고, 말씀의 확신이 있으면 믿음이 자랍니다.

요즘 시대가 참 악합니다. 뉴스를 틀면 상상도 못 했던 사건들이 들려옵니다. 불법을 저지른 사람이 너무나 뻔뻔하여 기가 막힐 때가 많습니다. 미래가 더욱 암울합니다. 예측하기 어려운 사회이다 보니 사회적으로 성공하고 높은 지위에 있는 사람이라도 중요한 결정을 할 때가 되면 그렇게 점쟁이를 찾아갑니다. 정계 인사는 물론이고 각 분야별 유명인들이 부적을 가지고 다니는가 하면, 별별 미신이 세대, 성별, 지역, 계층에 관계없이 광범위하게 퍼져 있습니다. 방송에서도 무당이 나와 연예인들의 사주를 보고 점치는 내용이 여과 없이 방영됩니다. 사람들도 거부감 없이 받아들이는 것 같습니다.

그런 때일수록 더욱 말씀을 의지해야 합니다. 성경은 하나님의 진리의 말씀입니다. 어지러운 시대를 비추고, 바른 길로 가게 하는 내비게이션입니다. 말씀의 렌즈로 세상을 보아야 제대로 분별할 수 있습니다. 말씀에는 시대를 뛰어넘는 원리가 담겨 있습니다. 세상 지식과 사람의 말이 아니라 말씀을 붙들어야 삽니다. 일상 속에서 말씀 생활을 잘하도록 '다섯 손가락 비유'로 알려 드리겠습니다.

첫째, 새끼손가락입니다. '성경 듣기' 단계입니다. 말씀을 듣고 이해하는 단계입니다. 우리는 살면서 무수히 많은 소리를 듣습니다. 하지만 하나님의 사람이 되려면 말씀에 귀를 기울여야 합니다. 말씀의 소리를 들어야 합니다. 그래야 세상의 많은 소리를 분별할 수 있습니다.

둘째, 넷째 손가락입니다. '성경 읽기' 단계입니다. 새끼손가락 하나만으로는 무언가를 들어올릴 수 없습니다. 또 새끼손가락 위에 물건을 올려놓을 수도 없습니다. 설사 올렸다 해도 바로 떨어집니다. 그 옆에 있는 넷째 손가락(약지)이 도움을 주어야 합니다. 어찌 보면 성경을 '듣는 것'보다 '읽는 것'이 더 중요합니다.

셋째, 가운뎃손가락입니다. '성경 연구' 단계입니다. 그저 성경을 읽고 듣기만 하는 것이 아니라 말씀을 연구하는 과정이 필요합니다. 말씀을 잘 이해할 수 있도록 관련 책도 읽어야 합니다. 그러면 성경 말씀이 깨달아지고 하나님의 음성을 잘 분별하며 그분과 사귈 수 있습니다.

넷째, 둘째 손가락입니다. '성경 암송' 단계입니다. 저는 청년 시절부터 지금까지 매일 말씀을 암송하는 습관이 있습니다. 아침에 눈을 뜨자마자 바로 말씀을 암송합니다. 하루 중에도 수시로 말씀을 암송하고, 잠들기 전에도 말씀을 외우다가 잠이 듭니다. 그러면 내 마음속이 하나님으로 가득 차고 성령 충만한 하루를 살 수 있습니다. 말씀을 암송하면 날마다 순간순간 그 말씀으로 인도함을 받으며 살게 됩니다.

다섯째, 엄지손가락입니다. '말씀 묵상'(QT) 단계입니다. 이 단계를 통해 우리는 '성경의 사람'(Man of Bible) 혹은 '하나님의 사람'이 되어 갑니다. 즉 주님과 내 관계가 더욱 돈독해집니다. 우리는 말씀 묵상을 통해 주님과 친밀해질 수 있습니다. 하나님의 음성을 듣고 하나님과 대화하며 하나님을 경험하는 삶을 사는 것입니다.

끝으로, 손바닥의 역할이 있습니다. '말씀 적용하기' 단계입니다. 큐티를 하면서 말씀을 삶에 적용하면 하나님이 기뻐하시는 모습으로 체화(體化)됩니다.

말씀생활 각각의 단계는 마치 우리 손가락과 같이 서로 상호작용합니다. 저는 다섯 손가락 중 '말씀 묵상'에 해당하는 엄지손가락의 역할이 가장 중요하다고 생각합니다. 정형외과 전문의들도 엄지손가락이 손의 기능에서 50퍼센트 이상의 역할을 한다고 주장합니다. 엄지손가락은 물건을 잡거나 조작할 때 큰

역할을 하고 있으며, 동시에 다른 손가락들이 긴밀히 협력하게 합니다.

동물들은 다섯 손가락이 아니어서 무언가를 꽉 움켜쥘 수 없고 그저 쥐기만 합니다. 하지만 우리는 매일 다섯 손가락을 사용하듯이 말씀을 듣고, 읽고, 연구하고, 암송하고, 묵상하면서 하나님과의 관계를 돈독하게 할 수 있습니다. 그리고 성경을 손바닥에 올려놓고 다섯 손가락으로 꽉 잡으면 절대 놓치지 않습니다. 다섯 손가락과 손바닥을 이용하면 하나님과 나 사이에 틈이 없어집니다. 지금부터라도 말씀을 내 삶의 중심에 두고 말씀이 인도하시는 대로 살고자 한다면 인생 후반이 흔들리지 않을 것입니다.

주의 말씀은 내 발에 등이요 내 길에 빛이니이다 시 119:105

내가 주께 범죄하지 아니하려 하여 주의 말씀을 내 마음에 두었나이다 시 119:11

저는 성경 인물 중에 요셉을 참 좋아합니다. 요셉은 영 관리에 탁월한 사람이었습니다. 성경은 요셉이 하는 모든 일이 형통했다고 기록하고 있습니다. 요셉의 주인이었던 보디발도 요셉이 하나님과 동행함으로 그의 범사가 형통했음을 알았습니다.

> 그의 주인이 여호와께서 그와 함께하심을 보며 또 여호와께서
> 그의 범사에 형통하게 하심을 보았더라 창 39:3

하나님과의 관계가 친밀해지면 내가 하나님의 자녀인 것을 확신하고, 하나님이 나를 걸작품으로 만드셨음을 늘 기억하며 삽니다. 하나님이 나를 언제나 지키며 보호하시니끼 당연히 만사가 주님 안에서 형통하게 됩니다.

많은 크리스천이 '만사가 형통하다'는 의미를 삶이 내가 원하는 대로 이루어지는 것으로 착각합니다. 하지만 이 말씀은 내 뜻이 아니라 하나님의 뜻대로 된다는 의미입니다. 생각해 보십시오. 만약 인생이 내가 원하는 대로, 내 뜻대로만 된다면 과연 그것이 복일까요? 아닙니다. 나는 완벽하지 않습니다. 욕심도 부릴 수 있고, 교만하여 넘어질 때도 많습니다. 내 뜻은 잘못된 방향으로 흐를 가능성이 높습니다. 따라서 하나님이 내 안에 거하시고, 나를 온전히 주장하셔야 안전합니다.

내가 그리스도와 함께 십자가에 못 박혔나니 그런즉 이제는 내가 사는 것이 아니요 오직 내 안에 그리스도께서 사시는 것이라… 갈 2:20

주님 말씀을 가까이하지 않는 사람은 자석이 철에 붙듯이 '내가 최고다'라는 생각을 합니다. 자신이 죄인임을 자주 잊는 사람은 '내가 그리스도와 함께 십자가에 못 박혔다'는 고백을 하지 못합니다. 신앙생활을 오랫동안 해 왔어도 마찬가지입니다. 실은 자기 욕심을 채우려는 것인데 그것을 하나님의 거룩한 뜻이라 착각하는 크리스천도 있습니다. 우리는 하나님이 주시는 비전을 품어야 합니다.

하나님이 말씀하시기를 말세에 내가 내 영을 모든 육체에 부어주리니 너희의 자녀들은 예언할 것이요 너희의 젊은이들은 환상을 보고 너희의 늙은이들은 꿈을 꾸리라 행 2:17

여기서 "환상"이라는 말은 영어성경(NIV)에서 '비전'(vision)입니다. 하나님과 친밀해야 하나님의 생각과 꿈이 내 안에 들어옵니다. 하나님의 뜻대로 살려고 힘쓸 때 비전을 볼 수 있습니다. 이것이 바로 내가 죽고 그리스도가 내 안에 사시는 삶입니다. 주님이 가라 하시면 가고, 멈추라 하시면 서는 삶, 모든 것이 주님 중심인 삶입니다.

강준민 목사는 《새 변화 속으로 들어가는 용기》에서 꿈에 대해 이렇게 말합니다.

"꿈의 힘은 강력합니다. 꿈을 꾸십시오. 꿈은 목표입니다. 우리에게 가장 강력한 에너지를 공급해 주는 것이 목표입니다. 좋은 목표, 긍정적인 목표, 다른 사람을 섬기는 목표, 풍성한 삶을 살 수 있는 목표는 참으로 좋은 것입니다. 목표가 분명한 사람은 현실의 모든 어려움을 극복해 냅니다. 꿈은 우리가 살아야 할 이유입니다."

　　말씀 묵상을 깊이 하다 보면 우리도 하나님의 꿈을 꾸게 됩니다. 하나님은 나를 향한 놀라운 계획을 갖고 계십니다. "너는 스무 살까지는 네 멋대로 살아도 좋다. 하지만 이후에는 내가 인도한다"라고 하시는 분이 아닙니다. 천지를 만드신 하나님은 내가 모태에서 생성되기 전부터 나를 향한 계획이 있으셨고 내가 느끼든, 느끼지 못하든 계속해서 나를 인도하십니다.

　　요셉도 그러했습니다. 그가 17세에 꿈을 꾼 뒤 하나님이 그의 삶에서 손 떼신 것이 아닙니다. 노예로 팔려 가고 애굽의 총리가 되었을 때도 하나님은 요셉을 계속 인도하셨습니다. 다니엘을 보십시오. 바벨론의 포로로 끌려왔음에도 하나님만 섬기기로 뜻을 정한 다니엘은 느부갓네살, 벨사살, 다리오, 고레스까지 네 명의 왕 아래에서 중요한 역할을 수행하면서 하나님의 인도와 보호하심을 경험했습니다.

　　하나님의 계획 아래 모세는 왕궁에서 왕자로 살았습니다.

40년 동안 왕자 훈련을 받았기에 모세는 애굽에 대해 잘 압니다. 바로도, 왕실도 잘 압니다. 그 훈련을 받은 다음 광야에서 40년을 살게 되고 광야 전문가가 되었습니다. 이후 이스라엘 백성을 애굽에서 탈출시킨 뒤 가나안 땅에 가기까지 40년을 인도합니다. 40년의 광야 훈련은 하나님의 철저한 계획이었습니다. 모세가 80세가 되었을 때 하나님이 호렙산에서 "모세야 모세야" 부르시면서 "내가 너를 바로에게 보내어 너에게 내 백성 이스라엘 자손을 애굽에서 인도하여 내게 하리라"(출 3:10) 하고 말씀하셨습니다. 이렇게 하나님은 모세의 삶을 40년 단위로 나누셔서 인생 1막, 2막, 3막으로 연결하셨습니다.

제 인생도 1막, 2막, 3막으로 나눌 수 있습니다. 저의 1막은 40세까지 의사로서 열심히 활동한 것입니다. 2막은 40세부터 프리랜서 의사로 일하면서 동시에 말씀사역자로 사역한 것입니다. 그리고 저는 60세에 과감히 의사 직을 내려놓고 하나님 나라 사역을 시작했습니다. 그때부터 코스타(KOSTA)와 자마(JAMA)와 C.C.C. 등을 통해 오대양 육대주를 다니며 유학생, 디아스포라 청년들, 한인교회를 섬겼습니다. 이제 80세가 되었고 빛나는 황금기인 3막 인생이 시작되었습니다. 앞으로 하나님이 저에게 또 어떤 일을 맡기실지 기대가 큽니다. 청년 시절부터 요셉, 다니엘, 모세처럼 말씀 묵상을 통해 하나님의 인도를 받지 못했다고 낙심할 필요 없습니다. 지금 시작하면 됩니다. 성경 말씀은 목사님이나 사역자만의 전유물이 아닙니다. 모든 크리스천이 읽고 암송하고 묵상해야 합니다.

혹 하나님과 어떻게 교제해야 할지 모르겠다면 시중에 나와 있는 다양한 큐티지를 살펴보고 나에게 맞는 것을 선택하십시오. 그리고 큐티하는 법을 모른다면 큐티 세미나에 참석하여 배우면 됩니다. 시작하는 데 늦은 때는 없습니다. 이제껏 꾸준히 해 오지 못했을지라도 하나님의 음성을 듣겠다고 다짐하고 실행한다면 하나님이 주시는 비전이 생깁니다.

인생이 강물처럼 적당히 흘러가지 않도록 하십시오. 말씀대로 살 때 열매가 맺힙니다. 말씀 중심으로 살면 하나님이 이끌어 주십니다. 그 말씀이 내 삶을 지배할 때 진짜 빛나는 인생을 살게 될 것입니다.

수시로 기도하면
지혜를 주신다

기도 생활은 개인마다 차이가 있습니다. 어떤 사람은 하루 중 기도 시간을 정해 놓고 1시간, 2시간, 3시간씩 지속적으로 기도합니다. 제대로 오래 기도한다면 하나님과 깊이 교제할 수 있고, 영적인 은사도 많이 얻을 것입니다. 그러나 직장생활을 한다면 출근해서 회사 일을 해야 하고 집에 와서도 여유 있게 기도 시간을 확보하기가 어렵습니다. 정해진 때에, 일정한 시간을 기도 드리기 어렵다면 삶 속에서 수시로 드리는 기도를 권하고 싶습니다.

저는 의사로 일하면서 기도하는 데 많은 시간을 할애할 수가 없었습니다. 그래서 택한 방법이, 호흡하듯 주님과 대화하며 기도하는 것이었습니다. 아침 출근할 때마다 "주님, 오늘 하루도 지켜 주시고 제가 만나는 환자를 잘 도울 수 있는 지혜를 주십시오" 하고 집을 나섭니다. 운전하고 갈 때도 차 안에서 기도합니다. "주께서 저와 함께해 주십시오. 안전 운전하도록 인도해 주세요." 장황한 기도가 아니라 그때그때 단문으로 기도를 합니다.

쉬지 말고 기도하라 살전 5:17

"쉬지 말고 기도하라"는 말씀은 밥도 안 먹고 잠도 자지 말고 기도만 하라는 뜻일까요? 아닙니다. 이는 내 호흡이 있는 동안 순간순간 주님과 대화하라는 의미일 것입니다. 상대방과 대화를 나눌 때 나 혼자만 말하는 일방통행식 대화는 진정한 대화라 할 수 없습니다. 안타까운 것은 일 년 내내 새벽 기도에 한 번도 빠지지 않는 성도들 중에 일방통행식 기도를 드리는 분들이 있다는 것입니다. 그저 하나님의 뜻을 들을 마음 없이 "이것도 주시고, 저것도 주십시오" 하고 내 필요만 구하고 마치는 것이 일방통행식 기도입니다.

예를 들어, 수능을 앞둔 자녀가 있습니다. 공부를 열심히 하지 않아 성적이 별로 좋지 않은데 하나님께 무조건 서울대학교에 합격하게 해 달라고 기도하는 것과 같습니다. 하지만 이것은 잘못된 기도입니다. 욕심으로 구하는 기도이기 때문입니다.

구하여도 받지 못함은 정욕으로 쓰려고 잘못 구하기 때문이라 약 4:3

매일 1-2시간 동안 열심히 바라는 것만 구하다가 기도가 끝나자마자 주님의 음성을 듣지 않고 휙 예배당을 떠나 버린다면 우리 주님이 뭐라고 말씀하시겠습니까. 예수님이 옆에서 기도를 듣고 계시다가 이제 좀 주거니 받거니 대화를 나눌 참이었는데 쌩하고 일어나면 예수님은 '오늘도 또 당했네' 하며 아쉬워하실 것입니다.

그렇다면 하나님이 원하시는 기도는 어떤 것일까요? 당연히 일방통행식 기도가 아니겠지요. 주님이 나의 간구를 들어주시고 그와 관련해 내게 말씀해 주시면 나는 그 말씀을 귀담아 듣는 것, 그것이 하나님이 우리에게 바라시는 기도일 것입니다.

한번은 아내와 함께 오렌지카운티에서 LA로 1시간 동안 운전하며 가고 있었습니다. 이 얘기 저 얘기를 나누고 있었는데 갑자기 아내가 저에게 화를 냈습니다. 1시간 동안 아내가 쉬지 않고 저를 공격하는데 기분이 몹시 나빴습니다. 제가 이야기할 틈도 안 주고 계속 자신의 말만 하니 정말 참기가 힘들었습니다. 도저히 참을 수 없었지만 마음속으로 기도하기 시작했습니다.

'하나님, 아내가 지금 저를 계속 힘들게 하고 기분을 상하게 합니다. 어떻게 하면 좋을까요? 저도 한바탕 소리 지르고 말다툼해 볼까요?'

그런데 제 마음속에 예수님이 "참아라. 참고 들어라" 하시는 겁니다. 저는 바로 순종하기가 힘들었습니다.

'예수님, 못 참겠습니다. 저 얘기 좀 해야 할 것 같아요.'

그래도 예수님은 연거푸 "아니야. 내가 참으라고 했잖아" 하시는 겁니다.

사랑은 오래 참고… 고전13:4

사랑은 '오랫동안 고생하는 것'(long-suffering)을 의미합니다. 사랑에는 반드시 '오래'라는 말이 들어가 있습니다. 그런데 저는 그 상황에서 더 참을 수 없었습니다. 그래서 '예수님은 가능하시겠지만 저는 세 번이나 참았어요. 더는 못할 것 같아요' 하고 속으로 외쳤습니다. 그때 예수님이 베드로에게 일곱 번을 일흔 번까지라도 참으라고 하셨던 말씀(마 18:22)이 생각났습니다. 그제야 예수님께 승복했습니다. 일곱 번에 일흔 번, 계산해 보면 490번이지요. 이는 끝까지 참으라는 뜻입니다.

저는 간신히 아내의 일방적인 '폭격'을 참았습니다. 그리고 잠시 침묵의 시간을 보낸 뒤 아내에게 조용히 이야기했습니다.

"여보, 내가 부족한 게 많으니까 나 좀 이해해 주고 용서해 줘."

이 말로 운을 떼니 아내가 내가 하고 싶은 이야기를 잘 들어

주었고, 문제가 말끔히 해결되었습니다. 이것이 바로 수시로 하는 기도의 힘입니다.

저는 마취과 의사로 수십 년 간 일하면서 수시로 드리는 기도의 위력을 수도 없이 경험했습니다. 수술은 완벽하지 못하더라도 다시 할 기회가 있지만, 만약 마취를 잘못하면 식물인간이 되거나 심장마비가 와서 환자가 바로 사망할 수도 있습니다. 마취는 세심해야 하고 위험한 영역입니다. 그만큼 중요하고 예측 불허한 영역입니다.

마취과 의사 중 어려운 일을 당해 보지 않은 사람은 거의 없을 것입니다. 저도 어려운 환경을 여러 번 경험했습니다. 감사한 것은 하나님이 위기가 닥칠 때마다 피할 길을 주셨다는 것입니다. 한 번은 수술이 밤 12시에 시작해 새벽 2시에 끝난 적이 있습니다. 수술을 잘 마쳤는데 갑자기 그 환자에게 문제가 생겼습니다. 마취가 잘못된 결과는 아니었고, 환자를 회복실로 옮겼는데 회복실 간호사의 실수로 그 환자가 식물인간이 될 위험에 놓였습니다. 제 잘못은 아니었지만 수술에 참여한 사람으로서 책임감이 있었습니다. 중요한 손님이 집에 오시기로 약속되어 있어서 저는 집으로 향했습니다. 집으로 향하는 차 안에서 저는 주님께 간절히 기도했습니다.

"생명은 하나님의 것입니다. 하나님, 이 환자를 회복시켜 주십시오. 만약 이 환자가 잘못되면 저는 그 고통을 감당할 수 없습니다."

그랬더니 기도 중에 "너희 염려를 다 주께 맡기라"(벧전 5:7)는 말씀이 떠올랐습니다. 저는 또 이렇게 기도했습니다.

"제가 이제 주님께 이 문제를 맡깁니다. 생명의 주인이 하나님이시니까 주님이 알아서 해 주십시오. 저는 주님 말씀대로 순종하고 염려하지 않겠습니다."

언제 소문을 들었는지 아침에 다른 마취과 의사에게서 전화가 왔습니다.

"어젯밤에 수술한 환자가 안 좋게 됐다며?"

"제가 할 수 있는 최선을 다했는데 그렇게 되었네요. 그 환자 상태가 어떤지 확인 좀 해 주시면 고맙겠습니다."

그러고 나서 1시간쯤 후에 그 의사에게서 전화가 왔습니다.

"신기하네. 그 환자 멀쩡하던데?"

저는 하나님께 영광을 돌렸습니다. 살아 계신 하나님이 우리가 수시로 하는 기도를 들으십니다. 그런 경험을 하고 나니 제 믿음이 더 굳건해지고 비슷한 일이 벌어졌을 때 능치 못한 일이 없으신 하나님께 걱정을 맡겨 버리게 되었습니다.

너희 염려를 다 주께 맡기라 이는 그가 너희를 돌보심이라 벧전 5:7

인생 후반이 이렇게 찬란하다고?

영어성경(NIV)에서는 "Cast all your anxiety on him because he cares for you"라고 했습니다. 즉 모든 걱정 염려 근심을 주님께 던지라(cast)는 의미입니다. 던지면 주님이 다 알아서 처리하시겠다(care for)는 의미입니다. 여기에는 불안한 내 미래도 포함됩니다.

저는 '주께 맡기는 것'이 믿음이라고 생각합니다. 즉 내가 할 일은 기도하고 맡기는 것이며, 주께서 자유함을 주시는 것이 바로 믿음입니다. 믿음은 관념이 아니라 삶입니다. 믿음은 명사가 아니라 동사입니다. 저는 매사에 자유함이 있습니다. 그 자유 때문에 마음이 평안하니까 80세가 된 지금도 청년처럼 활기가 있습니다.

오랜 시간 말씀을 깊이 묵상하고 암송하고 말씀에 순종하며 살려고 하면 기도할 때마다 하나님이 말씀을 생각나게 하십니다. 말씀하시는 하나님과 동행하다 보니 기도도 호흡하듯 자연스러워집니다. 그런 삶을 지속하다 보면 살아 계신 하나님을 계속 경험하게 되고, 그와 더불어 믿음도 더 커집니다.

바다가 있는 한 파도가 없어지지 않듯이 삶에는 끊임없이 나를 아프고 힘들게 하는 고난이 밀려올 것입니다. 그때 말씀과 기도의 날개를 달고 있으면 파도를 가뿐히 넘어설 수 있습니다. 이러한 삶을 살면 퇴직도 두렵지 않습니다. '퇴직하고 나면 뭐 하고 살지?' 하는 두려움 대신 '이제 자유로운 시간이 늘어나니까

2장 영 관리: 전능하신 하나님께 맡기라

성경 공부도 하고 사역도 시작해야겠네' 하는 기대로 바뀔 것입니다. 그 계획조차 하나님께 여쭤 보고 미래의 청사진을 그려 보면 좋겠습니다.

주께 맡기는 것이 믿음입니다. 내가 할 일은 기도하고 맡기는 것
입니다. 믿음은 명사가 아니라 동사입니다.

3
CHAPTER

혼 관리 :
두려워 말고 내일을 기대하라

Active Senior

나는 이렇게 나이 들고 싶다

일본 소설가 소노 아야코는 1931년생으로 현재 93세가 되었음에도 여전히 활발한 문학 활동을 이어 가고 있습니다. 그녀는 《나는 이렇게 나이 들고 싶다》에서 어떻게 노년을 보내고 싶은지 이야기했습니다. 이 책은 그녀가 40세부터 노년에 경계해야 할 것들을 메모 형식으로 기록한 것으로 아래에 몇 가지 내용을 소개합니다.

1. 나이가 들면 젊었을 때보다 자신에게 더욱 더 엄격해져야 한다. 건강을 유지하기 위해 귀찮아도 많이 걷고 게으르지 않아야 한다.
2. 생활의 외로움은 아무도 해결해 줄 수 없다. 외로움은 노인에게 공통의 운명이자 최대의 고통일 것이다. 매일 함께 놀아 주거나 말동무를 해 줄 사람을 늘 곁에 둘 수는 없다. 목표를 설정해서

노후에 즐거움을 주는 방법을 스스로 찾아야 한다.

3. 마음에도 없는 말을 거짓으로 표현하지 말아야 한다. "됐어"라고 사양하면 젊은 세대는 주지 않는다. "나도 먹고 싶은데 하나씩 돌아가나?"라고 말해야 한다.

4. 같은 연배끼리 사귀는 것이 노후를 충실하게 하는 원동력이다. 노인에게 좋은 상대가 되어 줄 수 있는 사람은 노인뿐이다.

5. 즐거움을 얻고 싶다면 돈을 아끼지 말아야 한다. 무엇인가를 얻고 싶으면 대가를 지불해야 한다.

6. 혼자서 즐기는 습관을 길러야 한다. 나이가 들면 친구도 한 사람 한 사람 줄어든다. 아무도 없어도 어느 날 낯선 동네를 산책할 수 있는 고독에 강한 인간이 되어야 한다.

7. 돈이면 다라는 생각은 천박하다. 돈은 노후에 중요하지만 돈이면 전부라는 생각은 세상을 너무 황량하고 냉정하게 만든다.

8. 노인들은 어떠한 일에도 감사를 표현할 줄 알아야 한다. 훈훈한 노후를 위해 반드시 지켜야 할 것 중의 하나는 "감사합니다"라고 말하는 것이다. 감사할 만한 것이 하나도 없는 인생이란 없다.

9. 노인들은 새로운 기계 사용법을 적극적으로 익혀야 한다.

10. 노인들은 몸가짐과 차림새를 단정히 해야 한다. 체력이 떨어지고 건강이 악화되면 누가 뭐라 하지 않아도 자세가 흐트러진다.

11. 노인들은 매일 적당한 운동을 일과로 해야 한다. 몸을 유지하는 데 필수적이다.

12. 여행은 많이 할수록 좋다.

13. 관혼상제, 병문안 등의 외출은 일정 시기부터 결례해도 된다. 중요한 것은 마음으로부터 기도하는 것이다.

14. 재미있는 인생을 보내었으므로 나는 언제 죽어도 괜찮다고 생각할 정도로 늘 심리적 결재를 해 둔다.

15. 유언장 등은 편안한 마음으로 미리 준비해 둔다. 사후에 유산을 둘러싸고 남은 가족이 다투는 것보다 비참한 일은 없다.

16. 죽음은 두렵지만 죽는 것은 한 번뿐이고, 대부분의 병은 잘 낫지 않는다. 병을 친구로 삼는다.

17. 늙어 가는 과정을 자연스럽게 받아들인다. 자연스럽게 주어진 늙음의 모습에 저항할 필요는 없다.

18. 혈육 이외에 끝까지 돌봐 줄 사람은 아무도 없다.

19. 죽는 날까지 활동할 수 있는 것이 최고의 행복이다.

20. 행복한 일생도 불행한 일생도 일장춘몽이다.

21. 노년의 가장 멋진 일은 사람들과의 화해다.

나이 든다는 것에 대해 긍정적인 시선으로 바라보길 바랍니다. 크리스천은 더욱 노년에 대해 두려운 마음을 가질 필요가 없

습니다. 주께서 우리와 세상 끝 날까지 함께해 주실 것을 믿으면
나이와 상관없이 행복하게 살 수 있습니다.

혼 관리의 방해꾼, 스트레스

성경은 인간을 크게 영과 혼과 육으로 구분합니다(살전 5:23). 영과 혼과 육은 동떨어져 있지 않고 서로 연결되어 있습니다. 영이 건강한 사람이 혼도, 육도 건강합니다. 믿지 않는 사람은 '영, 혼, 육'이라는 말을 사용하지 않고 육체와 마음으로만 구분합니다.

혼은 무엇일까요? 혼은 보통 두 가지로 나눌 수 있습니다. 하나는 정신적인(mental) 것이고, 다른 하나는 정서적인, 감정적인(emotional) 것입니다.

첫째, 정신적인 것은 주로 마음이나 정신력을 의미합니다. 여호수아서 1장에 여러 차례 나오는 "강하고 담대하라"는 말씀이 여기에 해당합니다. 둘째, 정서력이 있습니다. 정서력이 좋으면 평안함과 감사와 기쁨이 넘치고 다른 사람과의 관계가 좋습니다. 미소가 가득하고 미움과 쓴 뿌리가 없습니다. "너희는 마

음에 근심하지 말라 하나님을 믿으니 또 나를 믿으라"(요 14:1)의
말씀을 생각하면 이해가 쉽습니다.

우리의 혼을 잘 관리하고 강하게 하기 이전에, 마음을 병들
게 하는 스트레스에 대해 먼저 이야기해 보겠습니다. 리처드 포
스터(Richard Foster)는 현대 사회의 특징을 'busy'(바쁜), 'noisy'(시
끄러운), 'crowded'(붐비는)의 세 단어로 표현했습니다. 하나님의
말씀을 깊이 묵상하고 그분과 교제하는 데 방해 요소가 많습니
다. 그리고 분주함과 소란함은 스트레스를 증가시킵니다.

스트레스는 신체적으로 여러 질병의 발병 위험을 높일 뿐만
아니라 우울증과 불안장애 등 정신 건강 문제와도 직결됩니다.
과연 스트레스가 무엇이고 이것을 어떻게 정복할 수 있을까요?

우선 스트레스에 대한 올바른 이해가 필요합니다. 스트레스
를 고무줄에 비유하기도 합니다. 개인이 스트레스를 받을 때 고
무줄이 늘어나는 것처럼 한계가 확장될 수 있습니다. 하지만 고
무줄이 너무 많이 늘어나면 원래 상태로 돌아갈 수 없듯이, 과도
한 스트레스는 부정적인 영향을 미칩니다.

스트레스에는 좋은 스트레스(eustress)와 나쁜 스트레스
(distress)가 있습니다. 좋은 스트레스는 우리 몸에 유익하게 작용
하여 긍정적인 영향을 미칩니다. 집에서 키우는 어항 속 물고기
처럼 아무 자극과 위협 요소가 없는 게 좋은 것은 아닙니다. 직

장생활을 하면 성과를 내야 하는 두려움이 있지만 그 과정 가운데 성장하고 성취감과 보람을 맛볼 수 있습니다. 또한 학생들은 정해진 만큼의 시험을 치러야 자신의 실력이 어느 정도인지 알 수 있습니다. 틀린 문제를 다시 풀면서 그동안 잘 이해하지 못했던 부분을 알게 되는 장점이 있습니다. 시험 자체는 스트레스이지만 시험을 도전의 기회로 여기고 공부하며 준비한다면 몸에는 긍정적인 반응을 일으킵니다.

반면 나쁜 스트레스는 우리 몸에 해롭게 작용합니다. 하나님께 믿음으로 맡기지 못하고 끌어안으며 염려하는 문제들은 내 몸에도 부정적인 영향을 미칩니다. 심하면 우울증이나 공황장애 같은 정신적 문제가 생길 수 있고, 몸에 병이 나 활동하기 어려울 수도 있습니다. 이 장에서는 나쁜 스트레스를 주로 이야기하겠습니다. 스트레스를 받을 때 나타나는 증상은 다음과 같습니다.

신체적 증세

땀에 젖음, 호흡이 가빠짐, 입안이 마름, 가슴 통증, 두통, 맥박이 고동침, 위가 아프고 소화가 안 됨, 변비, 위경련, 배에 가스가 참, 피로, 식욕상실, 불면증, 어지러움, 피부가 가려움, 감기에 잘 걸림, 근육의 경직화, 잦은 병치레

정신적 증세

홍분 상태가 지속됨, 쉽게 화냄, 공포감, 우울감, 기분 변화 폭이 극심함, 짜증, 쉽게 지침, 망각증(물건과 이름을 잘 잊어버림), 걱정, 근심, 염려가 증가함, 부주의, 안절부절, 도피하려는 경향, 갑자기 분노하고 폭행도 함.

그 결과

지각 능력의 상실, 선택 능력의 상실, 유아적 행동으로 퇴보, 파괴적 관계에 갇힘, 우울증 등으로 고통을 당함.

생명이 있는 모든 사람은 스트레스와 함께 살아간다고 해도 과언이 아닙니다. 스트레스를 푸는 방법은 개인마다 다를 것입니다. 하지만 크리스천은 스트레스를 세상 사람과는 다른 방법으로 풀면 좋겠습니다. 먼저 자신이 지금 스트레스를 받고 있음을 자각하는 것이 중요합니다. 스트레스를 받고 있으면서 안 받는 것처럼 태연한 척하지 않기를 바랍니다. 스스로 인지만 해도 그 스트레스 상황에서 한 발짝 떨어져 상황을 객관화하여 피할 수 있습니다. 그리고 사건을 바라보는 '나의 태도'가 중요합니다. 상황에 몰입하지 말고 우선 자기 자신을 되돌아보고 내 마음을 지켜야 합니다.

모든 지킬 만한 것 중에 더욱 네 마음을 지키라 생명의 근원이
이에서 남이니라 잠 4:23

상황은 내가 마음대로 바꿀 수 없지만 내 생각과 감정은 바
꿀 수 있습니다. 스트레스 받을 만한 상황과 사건이 왔을 때 긍
정적, 낙관적 사고방식으로 대하며, 그 사건을 성장의 기회로 여
긴다면 스트레스는 더 이상 독이 아니라 복이 될 것입니다.

3장 혼 관리: 두려워 말고 내일을 기대하라

하나님을 의지하여
담대하게 이겨 내라

여자들은 50대가 넘어서면 갱년기가 와서 안 아프던 곳도 아프고 감정 변화를 겪기도 합니다. 남자들은 60대를 맞으면 앞으로 어떤 일을 하며 살아야 할지 막막합니다. 마음이 우울해지고 절망감이 몰려오기도 합니다. 하지만 혼 관리, 즉 마음이 강하고 정서력이 풍부하고 강한 사람은 50, 60대가 되어도 주눅 들지 않습니다. 오히려 멋지게 나이들 수 있습니다. "내 주름살은 인생의 풍랑을 겪어 온 훈장이다" 하며 건강한 자존감을 가질 수 있습니다.

정신력이 강한 사람에게는 특징이 있습니다. 담대함이 있다는 것입니다. 이런 사람들은 어떤 시련이 와도 오뚝이처럼 일어날 힘이 있습니다. 제 이야기를 잠깐 해 드리겠습니다. 저는 1973년에 미국으로 가게 되었습니다. 하나님이 주신 꿈을 이루기 위해 미국에서 의학 공부를 하고 실력 있는 의사가 되고 싶었습니다. 그런데 지금 생각해 보면 하나님의 사명만 붙들었지 영어 공부 등 준비가 많이 미흡했습니다.

당시 미국에 아는 사람도 없었고 그곳이 어떤 나라인지에 대한 정보도 거의 없었습니다. 미국에 와 보니 음식도 입에 맞지 않았습니다. 저는 김치찌개를 좋아하는데 그곳 음식은 맵지도 짜지도 않고 맹맹한 맛이었습니다. 문화도 낯설었습니다. 무엇보다 영어 때문에 받는 스트레스가 너무 컸습니다.

사람들이 말을 걸면 무슨 뜻인지 못 알아들어서 "May I beg your pardon?"(다시 말씀해 주시겠어요?) "Could you speak more slowly, please(천천히 말씀해 주시겠어요?)"라는 말을 달고 살았습니다. 그런데도 사람들은 따발총 쏘듯이 자신의 할 말만 해 버렸습니다. 하루는 나를 가르치던 담당 교수가 와서 답답해하는 제게 이렇게 말해 주었습니다.

"앞뒤가 꽉 막힌 벽에 대고 얘기하는 것 같네. 영어 공부 좀 하게나."

'내가 벽 같다니!' 엄청난 수치심을 느꼈습니다. 미국에 오기로 결정하기 전까지 저는 의사로서 늘 당당하고 자신감이 있었습니다. 세브란스병원에서 인턴 과정을 밟았는데 수련 후 그 병원에 남아 달라는 제안을 겨우 뿌리치고 미국에 온 것이 후회되었습니다. 낙심이 되고 절망이 가득했습니다. 속으로 몇 번이나 '한국으로 돌아갈까' 하고 고민했지만 그렇다고 쉽게 돌아갈 수는 없었습니다. 그러던 중 머릿속에 말씀 한 구절이 떠올랐습니다.

> 내 영혼아 네가 어찌하여 낙심하며 어찌하여 내 속에서 불안해 하는가 너는 하나님께 소망을 두라 나는 그가 나타나 도우심으로 말미암아 내 하나님을 여전히 찬송하리로다 시 42:11

이 말씀은 제 마음을 강하고 평안하게 해 주었습니다. 영어 때문에 다 포기하고 싶었지만 "하나님, 감사합니다. 저를 도우시는 하나님, 제가 하나님을 찬송하겠습니다" 하는 기도를 드리게 해 주었습니다. 그리고 이후로 미국 동료들이 "당신, 이 땅에 뭐 하러 왔어? 빨리 가서 밥이나 먹어라" 하며 모욕적인 말을 해도 '나더러 집으로 가라고? 두고 봐라. 아무도 나를 쫓아낼 수 없다'는 생각을 하며 위축되지 않고 오히려 오기로 버텼습니다.

상대방이 나를 무시할 때마다 '하나님이 미국을 만드셨어. 미국과 미국인의 주인은 하나님이시다. 나는 하나님의 아들이다. 그렇기 때문에 내가 이 땅의 주인이다. 당신은 영어가 모국어니까 당연히 잘하지. 그렇지만 당신도 한국어는 못 알아듣잖아' 하는 담대함이 생겼습니다.

기도하면서 지금껏 제가 바라봤던 것은 '하나님'이 아니라 '미국과 영어'라는 것을 깨달았습니다. 그러니 암울할 수밖에 없었습니다. 이후 내 눈을 들어서 하나님을 바라보게 되었습니다. 그랬더니 언어를 지으신 분도 하나님이시고, 미국을 만드신 분도 하나님이시고, 미국 땅을 다스리고 계신 분도 하나님이심이 크게 느껴졌습니다. 하나님이 함께 계시니 담대해졌습니다. 그리고 그 후부터는 미국 생활이 즐겁고, 대인관계도 활발하며, 슬기롭고 행복한 의사 생활을 할 수 있었습니다.

정신력이 강해지면
삶이 달라진다

이스라엘 백성을 이끌고 광야를 건너 온 모세는 가나안 입성을 앞두고 느보산에서 죽고, 리더십이 여호수아에게 이양되었습니다. 누구의 명을 받아 행동하는 게 아니라 이제 직접 명령을 내려야 하는 위치에 선 것입니다. 그동안 여호수아는 모세에게 많이 배웠겠지만, 직접 백성을 이끌고 요단강을 건너 가나안 땅에 들어가려니 많이 긴장되고 두려웠을 것입니다. 이때 하나님은 여호수아에게 "강하고 담대하라"는 말씀을 몇 번이나 해 주십니다.

> 내가 네게 명령한 것이 아니냐 강하고 담대하라 두려워하지 말며 놀라지 말라 네가 어디로 가든지 네 하나님 여호와가 너와 함께 하느니라 하시니라 수 1:9

여호수아는 이 말씀을 붙잡고 담대하게 요단강을 건넜고, 난공불락의 여리고성을 무너뜨릴 수 있었습니다. 미국 유학 당시 저도 여호수아의 심정과 같았습니다. 미국 사람과 영어로 소통하는 것이 마치 요단강을 건너는 것 같았습니다. 하지만 하나님이 여호수아에게 하셨던 "강하고 담대하라"는 말씀을 가지고 '미국 사람은 이제 내 밥이다. 내가 영어를 정복하리라' 하는 결단을 하게 되었습니다.

제가 학교를 다닐 때만 해도 우리나라 영어 교육은 회화가 아니라 문법 위주였습니다. 그래서 어순도 다른 영어를 제대로 이해하지도 못한 채 시험을 치르기 위해 공부했던 기억이 납니다. 하지만 과거가 어떠했든 더 이상 핑계 대거나 도망치지 않기로 결심했습니다.

신기하게도 정신력이 강해지니 태도가 바뀌었고, 그 태도가 행동으로 나타났습니다. 영어만 생각하면 불안, 걱정, 근심, 열등감 같은 감정들만 따라붙었는데 하나님의 말씀을 손에 쥐고 나아가니 마음 깊이 자신감이 샘솟고 지혜가 생겼습니다.

그러면서 가만히 생각해 보니 어린아이가 언어를 배울 때 어떻게 하는지 원리를 생각해 보게 되었습니다. 아기는 태어날 때부터 말을 하지 못합니다. 엄마가 아기에게 우유를 준다고 신생아가 "어머니, 고맙습니다"라고 할 수 있습니까? 아기일 때는 배가 고프면 그저 울음으로 밥 달라고 엄마한테 말하다가, 좀 자라면 "밥" 하고 짧게 말합니다. 그런데 엄마는 문장으로 말하지 않아도 그 한마디를 알아듣고 밥을 줍니다.

저도 미국 사람들과 대화할 때 그 원리를 적용하기로 했습니다. 처음에는 스스로 어린아이라 생각하고 문법을 무시하기로 했습니다. 그리고 '내 할 말을 하되 못 알아들으면 상대방 책임이다. 나는 할 일 다 했다'라고 배짱으로 나가기로 했습니다. 그랬더니 신기하게도 미국인들이 웬만하면 알아듣는 것이었습니다. 그리고 감사하게도 저에게 "당신은 매일매일 성장하는 게 보인다"라고 격려해 주었습니다. 칭찬까지 들으니 영어 실력은 일취월장하게 되었습니다. 그리고 그때 깨달았습니다. 모든 것은 마음가짐, 정신력에 달렸다는 것을 말입니다.

앞서 말한 여호수아와 갈렙도 처음부터 정신력이 강했던 것은 아닙니다. 하나님이 "강하고 담대하라 두려워하지 말며 놀라지 말라 네가 어디로 가든지 네 하나님 여호와가 너와 함께 하느니라"라는 말씀을 듣고 달라진 것입니다. 그리고 갈렙은 85세에 "이 산지를 지금 내게 주소서"(수 14:12)라고 하지 않습니까? 그는 여호와께서 함께하신다는 믿음으로 헤브론 산지에 있던 아낙 사람을 쫓아내는 데 성공했습니다. 이게 십자가 군병의 모습입니다. 사탄이 아무리 우리를 흔들고 위협해도 하나님이 이미 다

제압하셨습니다. 예수님도 "세상에서는 너희가 환난을 당하나 담대하라 내가 세상을 이기었노라"(요 16:33)라고 말씀하셨습니다.

나이가 들수록 두려움이 많아지는 게 사실입니다. 육체도 쇠하고 기억력도 예전 같지 않아 우울해집니다. 그럴수록 하나님을 더욱 붙들어야 합니다. "하나님, 오늘 하루 살아갈 영의 양식인 말씀을 주십시오. 그 말씀을 붙잡고 오늘 하루를 담대히 살아가게 이끌어 주옵소서" 하며, 마음을 다잡아야 합니다.

강한 정신력은 결코 내가 잘나서 만들어지는 것이 아닙니다. 하나님이 나와 함께하시기 때문에 강해지는 것입니다. 따라서 하나님이 나와 함께하신다는 믿음을 붙드는 게 중요합니다.

너는 마음을 다하여 여호와를 신뢰하고 네 명철을 의지하지 말라 너는 범사에 그를 인정하라 그리하면 네 길을 지도하시리라
잠 3:5-6

여기서 "그리하면 네 길을 지도하시리라"를 영어성경(NIV)으로 번역하면 "and he will make your paths straight"입니다. 즉 범사에 여호와를 신뢰하고 인정하면 네가 가는 길마다 대로로 만들어 쫙쫙 열어 주신다는 의미입니다. 사탄이 건드리지도 못

하고 걸림돌 없이 가게 하시겠다는 뜻입니다. 이 말씀을 신뢰합니까? 이 말씀을 붙잡으십시오. 내 생각을 버리고 하나님만 바라보십시오. 그분만 믿으면 형통의 삶으로 인도받습니다.

제가 좋아하는 성경 인물인 요셉의 삶을 다시 보겠습니다.

여호와께서 요셉과 함께하시므로 그가 형통한 자가 되어 그의 주인 애굽 사람의 집에 있으니 창 39:2

요셉은 굴곡 많은 삶을 살았습니다. 형들에 의해 애굽의 노예로 팔려 갔고, 친위대장 보디발 아내의 끈질긴 유혹을 물리친 결과 강간 미수자 누명을 쓰고 감옥에 갇힙니다. 당시 노예의 신분으로 그런 범죄를 저지르면 즉시 사형을 당했지만 보디발은 그를 죽이지 않고 감옥에 보냅니다. 지금까지 요셉의 삶을 보면 형통과는 거리가 먼 것 같습니다. 그런데도 그가 형통한 삶을 살았다고 성경은 말합니다. 그가 아무 일 없이 평온하게 살아서 형통한 게 아닙니다. 그가 어려움을 겪었지만 하나님이 그와 함께하셨고, 그를 인도해 주셨기에 형통하다고 한 것입니다.

요셉은 바른 선택을 했습니다. 요셉은 정말 정신력이 강했습니다. 보디발의 아내가 유혹했을 때 뿌리친 것도 대단합니다. 삼손과 다윗은 이 문제로 넘어졌는데, 젊은 노예인 요셉이 이겨 냈습니다. 그 유혹을 거절하면 죽을 수 있었지만 그는 바른 선택을 했습니다. 더 놀라운 것은 요셉이 억울하게 감옥에 가게 되었을 때 좌절하고 낙망하며 죽을 날만 계수하고 있지 않았다는 점입니다. 그는 다시 일어나 감옥에서 주어진 일을 성실히 감당했습니다. 그러니 간수장도 죄수인 요셉에게 제반 사무를 다 맡기지 않습니까? 놀라운 멘탈 파워입니다. 나의 환경, 나이의 많고 적음이 문제가 아닙니다. 바른 정신을 소유하는 게 중요합니다.

액티브 시니어여, 도전을 두려워하지 마라

정신력이 강해지면 여호수아와 갈렙처럼 전쟁에 나가서 싸울 용기가 생깁니다. 이런 사람은 언제 어디서든 '나는 하나님의 자녀. 나에게는 사명이 있다'는 생각을 품고 삽니다.

마음이 건강하면 생각도 건강해지고 미래를 두려워하지 않고 기대하게 됩니다. '내일은 어떤 놀랍고 아름다운 일들이 펼쳐질까?' '하나님이 나에게 어떤 것을 준비해 놓으셨을까?' 하고 새로운 꿈을 꿉니다. 생각이 밝으니 말과 행동도 긍정적인 방향으로 갑니다. 생각한 것이 구체적인 행동으로 이어져 실체로 나타나게 됩니다. 하나님이 인도하시는 대로 순종하게 되고 새로운 도전을 두려워하지 않게 됩니다.

코로나19 바이러스가 창궐하던 때에는 누구나 위축되었을 것입니다. 저도 코로나 직전까지는 복음 전파, 가정생활 세미나, 자녀 교육 세미나, 청년 및 청소년 비전 컨퍼런스 인도 등을 위해 전 세계를 종횡무진 다녔고 무척 분주한 시간을 보냈습니다.

평소 친분이 있던 이롬의 황성주 박사가 암 치료 전문병원인 '사랑의병원'을 개원했는데, 그 병원의 직원 예배 인도를 맡아 달라는 제안을 여러 차례 했었습니다. 전 세계를 돌아다니느라 도저히 시간이 되지 않아 황 박사의 제안을 수락할 수 없었는데, 간곡히 부탁하는지라 그 제안을 받아들이기로 했습니다.

2019년 1월경부터 사랑의병원에서 직원 대상 주일 아침 예배를 인도했는데 반응이 좋았습니다. 황 박사가 그 모습을 보고는 저에게 아예 사랑의병원 대표 원장을 맡아 달라고 했습니다. 수차례 고사하다가, 대신 직원 예배와 환우들 대상으로 일주일에 두세 번 정도 드리는 예배 때 설교를 맡게 되었습니다. 신기한 것은 예배 인도를 맡은 직후 코로나19 바이러스가 창궐하게 되었고 외부의 모든 집회가 중단되었습니다.

사람이 마음으로 자기의 길을 계획할지라도 그의 걸음을 인도하시는 이는 여호와시니라 잠16:9

저는 사랑의병원에서 3년 3개월 동안 말씀 사역을 하게 되었습니다. 제가 예상한 것도, 계획한 것도 아닙니다. 하나님이 저를 들어서 새로운 사역지로 옮기셨습니다. 그 병원에 계신 분들은 대부분 말기 암 환자들입니다. 제가 설교를 엄청나게 잘한 것 같지도 않은데 그렇게 우는 분들이 많았습니다. 코로나 팬데믹이 엔데믹으로 바뀐 시점에서 사랑의병원 사역도 마무리하게 되었는데, 하나님의 기가 막힌 타이밍으로 저는 또다시 집회를 다니고 있습니다.

은퇴 전에 열심히 일했으니 이제는 여행을 다니며 즐겨야겠다 생각합니까? 물론 즐거운 일도 해야 합니다. 하지만 아직 우리에게 사명이 남아 있습니다. 시간 여유가 있으니 사회에 충분히 봉사할 수 있고, 다들 꺼려 하는 교회 화장실 청소, 교회 주방 봉사, 교회학교 다음세대 사역 도우미 등 할 일이 많습니다. 낮은 곳에서 섬길 수 있는 기회를 찾아 보세요. 담임목사님께 사역의 장을 마련해 달라고 먼저 요청해도 좋습니다.

그동안은 가족 부양을 위해 수고했으니 이제부터는 남은 시간에 하나님이 나에게 무엇을 원하시는지, 나를 통해 무엇을 이루고자 하시는지 기도하며 꿈을 꾸기 바랍니다. 비전을 가지길 바랍니다. 평소 하고 싶었던 꿈을 향해 도전해도 좋습니다. 하나님은 사람에게 하나님의 꿈을 심어 그 일을 행하게 하십니다. 그 꿈을 향해 나아갈 때 참 만족이 있을 것입니다.

하나님이 주시는 꿈으로 날마다 가슴이 뛰게 되길 바랍니다. 하나님은 "아무 것도 염려하지 말고 다만 모든 일에 기도와 간구로, 너희 구할 것을 감사함으로 하나님께 아뢰라"(빌 4:6)고 하셨습니다. 마지막까지 하나님께 귀하게 쓰임받는 인생을 꿈꾸십시오. 하나님께 열심히 구하십시오. 크리스천이 열심히 일하고 돈을 버는 이유는 나 혼자만 잘 먹고 잘살기 위해서가 아닙니다. 하나님이 주신 은혜를 주위 사람들과 나누어야 합니다. 재능도 마찬가지입니다. 내 재능을 널리 나누어야 합니다.

정서력은 좋은
관계에서 드러난다

혼 관리 중 정서력을 살펴보겠습니다. 정서력은 관계와 밀접합니다. 가족과의 관계, 친구 관계, 직장 동료와의 관계 등 인간관계도 중요하지만 가장 중요한 것은 하나님과 나와의 관계입니다. 마음을 비추는 거울 중 하나가 언어입니다. 언어가 긍정적이면 사람들과 관계가 좋습니다.

안타깝게도 어떤 목사님은 설교할 때 매번 성도들을 꾸짖고 심하면 욕도 한다고 합니다. 그런 분들은 말씀을 선포하기 이전에 마음 치유를 받을 필요가 있어 보입니다. 어린 시절 자신도 모르게 부모님에게 상처를 받았거나 혹은 형제나 친구들과의 관계 속에서 따돌림을 당한 상처가 있는 경우 마음에 쓴 뿌리가 생길 수 있습니다. 쓴 뿌리가 제거되지 않아 마음이 상해 있다면 다른 사람과의 관계가 좋을 리 없습니다.

하나님과의 관계, 사람과의 관계에서 중요한 키워드 중 하나는 죄 사함의 은혜입니다. 크리스천은 예수 그리스도로 말미암아 죄 문제가 해결된 사람입니다. 이것이 얼마나 큰 은혜인지 모릅니다.

모든 사람이 죄를 범하였으매 하나님의 영광에 이르지 못하더니 그리스도 예수 안에 있는 속량으로 말미암아 하나님의 은혜로 값 없이 의롭다 하심을 얻은 자 되었느니라 **롬 3:23-24**

그는 허물과 죄로 죽었던 너희를 살리셨도다 **엡 2:1**

우리는 하나님의 백성으로서 날마다 회개하고 죄를 씻어야 합니다. 건강을 위해 몸에 좋은 것을 먹고 맑은 공기에 좋은 물을 마셔도 죄 문제가 해결되지 않으면 근본적인 문제를 간과하는 것과 같습니다. 날마다 주님 앞에 나아가 회개하면 영혼이 맑아지고 정신이 건강해질 뿐만 아니라 육체도 건강해집니다. 주님의 은혜로 죄의 사슬에서 놓임받은 존재임을 언제나 기억하십시오.

정서력 관리에서 또 하나의 중요한 키워드는 용서입니다. "용서는 축복이다"라는 말이 있습니다. 용서의 최대 수혜자는 상대방이 아니라 바로 나 자신입니다. 상대방을 용서할 때 내가 가장 유익을 얻습니다. 그 이유가 무엇일까요?

만약 어떤 사람을 미워하면 내 마음에 그 사람 생각으로 가득 찹니다. 낮에 일하면서도 생각나고 밤에 꿈에도 그 사람이 나타납니다. 그 사람을 향한 미움이 내 뼈를 상하게 합니다. 미움이 스트레스가 돼서 나를 아프게 합니다. 나를 괴롭힌 사람 때문에 오히려 내가 더 상처를 입게 되는 것입니다. 그러니 용서하지 않고 미워하면 나만 손해를 봅니다.

예수님은 주기도문에서 "우리가 우리에게 죄 지은 자를 사하여 준 것같이 우리 죄를 사하여 주시옵고"라고 했습니다. 이 말씀은 '제가 다른 사람의 죄를 용서하지 못하면 저의 죄도 용서하지 마옵소서'라는 의미가 내포되어 있습니다. 그만큼 용서하는 것이 중요합니다. 하나님이 우리가 감당 못할 큰 죄를 사해 주셨음을 믿는다면, 나에게 잘못한 사람의 죄를 나도 용서해야 합니다. 나의 큰 죄는 사함을 받았으면서 상대방의 작은 죄를 용서 못한다면 진심으로 하나님을 믿는 사람인지 돌아보아야 합니다.

상대를 향한 미움을 전부 주님께 던져야 합니다. 주님께 그 사람을 긍휼히 여기는 마음을 달라고 기도하십시오. 미움뿐 아니라 염려, 걱정, 근심, 마음의 불안 등도 모두 마찬가지입니다. 용서하지 못하는 마음은 폭탄에 비유할 수 있습니다. 그것을 품고 있으면 언젠가 터질 수 있습니다.

그러면 마음 관리를 구체적으로 어떻게 해야 할까요? 내 마음에 가득 찬 미움이라는 감정을 하나님의 용서로 대체해야 합니다. 늘 하나님의 말씀을 묵상하십시오. 앞서 이야기했듯이 예수님도 용서를 무척 강조하셨습니다. "형제가 내게 죄를 범하면 몇 번이나 용서하여 주리이까"라는 베드로의 질문에 "일곱 번을 일흔 번까지라도 할지니라"(마 18:22)라고 답하셨습니다. 이는 한계 없이 용서하라는 의미입니다.

하나님은 아들 예수 그리스도를 통해 우리 죄를 용서하셨고, 우리가 다른 사람을 용서할 수 있도록 용서의 본을 보이셨습니다. 예수님을 채찍질하고 십자가에 상에서 못 박고 조롱하는 사람들을 향해서도 "아버지 저들을 사하여 주옵소서 자기들이 하는 것을 알지 못함이니이다"(눅 23:34)라고 말씀하셨습니다. 예수님은 용서의 모델이십니다.

누구든지 자신의 주위에 미운 사람, 싫은 사람이 꼭 있습니다. 멀리 있지 않고 아주 가까이에 있는 경우가 많습니다. 제일 안타까운 경우는 부모님을 끝까지 용서하지 못하는 사람입니다.

저는 두란노 아버지학교와 어머니학교에서 오랫동안 사역했습니다. 아버지학교에서 강의할 때면 보통 40여 명이 참석했습니다. 이 아버지들에게 굉장히 상처가 많았습니다. 현재 나이가 60-70대이신 분들은 어렸을 때 자신의 아버지한테 많이 혼나고 맞으며 사랑 표현을 잘 받지 못하고 자란 세대입니다. 그때는 너무 가난했고 아동 인권에 대한 개념도 없었습니다. 아버지학교 프로그램 중 참석자들에게 편지지를 주면서 자신의 아버지에게 편지를 써 오라고 과제를 내줍니다. 쉽지는 않았겠지만 어쨌거나 숙제였기 때문에 다들 써 왔습니다. 그중에서 몇 사람을 뽑아서 그 편지를 읽으라고 했습니다. 그러면 대부분 몇 줄 읽다 말고 울면서 외칩니다.

"아버지, 저한테 왜 그러셨어요? 저 너무 괴롭고 힘들었습니다. 그래도 아버지, 보고 싶습니다."

그 편지 내용을 듣고 있는 많은 참석자가 함께 울기 시작합니다. 남자들은 눈물이 없다고요? 아닙니다. 남자들은 울보입니다. 원망할 아버지가 세상에 없고 하늘나라로 가신 경우가 대부분이었습니다. 부모님에 대한 원망도 있지만 동시에 살아 계실 때 불효했던 게 미안해서 그렇게 우는 것입니다.

하지만 그 가운데 용서가 일어납니다. 참석한 남자들이 아버지께 편지를 쓰면서 먼저 아버지를 용서하게 되고, 다음은 아내, 그다음은 자녀들에게 용서의 물결이 흐르는 것입니다. 평소에 그렇게 무뚝뚝하고 집에 오면 아무 말 없이 TV나 보고, 아내의 말에 톡 쏘기만 하던 남편이 그 이후 집에 와서 갑자기 아내를 꽉 껴안는 광경이 벌어집니다. 남편의 그런 모습을 생전 처음 본 아내는 당황스러우면서도 감동을 받아 함께 눈물을 흘립니다. 어떤 아버지는 아들에게 무릎을 꿇기도 하고 아들을 껴안고 울기도 합니다.

미국 아버지학교 수료생 중 아직도 기억에 남는 간증이 있습니다. 남편이 너무 많이 변화되어서 그 아내가 간증한 것입니다. 남편은 일은 제대로 하지 않고 술을 자주 마시며 도박을 좋아했습니다. 교회에도 안 나갔습니다. 독실한 크리스천인 아내가 그런 남편을 위해 늘 기도하던 중에 가까운 곳에서 두란노 아버지학교를 진행한다는 소식을 듣게 되었습니다. 아내가 남편에게 수강료를 주면서 이렇게 말했답니다.

"여보, 내가 그동안 아끼고 아껴서 돈을 모아 놨는데 당신한테 줄게. 그 돈 마음껏 써. 당신 가고 싶어 했던 라스베이거스에도 갔다 와. 대신 부탁이 있어. 아버지학교에 꼭 참석하는 게 조건이야. 당신이 아버지학교를 수료하면 그 돈을 다 줄게."

남편이 들뜬 표정으로 "당연히 예스지"라고 했습니다. 남편은 아내가 모은 돈으로 도박할 생각에 아버지학교에 신나게 참석했습니다. 그러다가 한 회, 두 회 참석하면서 이 남편의 마음에 지진이 일어나기 시작했습니다. 도박에 빠진 남편 때문에 혼자 외롭게 지내던 아내가 보이기 시작하고, 아빠의 사랑 한 번 제대로 받지 못한 고아 같은 자녀들이 눈에 들어오기 시작한 겁니다. 급기야 이 남편이 프로그램 도중 펑펑 울고 난리가 났습니다.

아버지학교를 다 마치자 아내가 남편에게 돈을 건네면서 "이 돈 갖고 라스베이거스 가세요"라고 했더니 남편이 돈도 안 받고 "나 이제 라스베이거스 안 갈 거야" 하며 아내와 아이들에게 용서를 구했습니다. 이후 이 남편은 완전히 딴 사람이 되어서 많은 사람을 돕는 봉사자로 살고 있습니다.

이처럼 용서에는 신비한 힘이 있습니다. 그래서 저는 혼 관리에서 용서가 가장 중요하다고 생각합니다. 성경 말씀을 보면 '용서하라' '관용하라'라는 말이 자주 나옵니다. 모든 관계 회복의 키는 바로 용서입니다.

50, 60대가 되면 부부가 서로를 바라보는 시각이 조금씩 바뀝니다. 20, 30대 때의 젊고 곱던 모습은 사라지고, 험한 인생을 같이 헤쳐 나가느라 얼굴에 주름도 생기고 몸매도 예전 같지 않습니다. 이럴 때 남편이 아내를, 혹은 아내가 남편을 관용하지 않고 품어 주지 못한다면 가정의 분위기가 어떻겠습니까.

부부가 한마음 한뜻이 되고 서로를 용서하고 불쌍히 여기는 마음으로 바라보면 부부 관계가 좋아질 뿐만 아니라 형제 관계, 친구 관계까지 다 좋아집니다. 무엇보다 하나님과의 관계가 친밀해져서 정서적으로 아주 건강해집니다.

일상 속 감사를 찾으라

우리의 마음은 참 신비합니다. 몸에 좋다는 10대 슈퍼 푸드가 있습니다. 토마토, 브로콜리, 귀리, 연어, 시금치, 견과류, 마늘, 블루베리, 적포도주, 녹차 등이 그것인데 이것보다 효능도 훨씬 좋고 무료로 얻을 수 있는 것이 바로 '마음'입니다.

"매사 마음먹기 나름이야"라는 말이 있습니다. 매일의 작은 일들에 감사하며 산다면 스트레스도 줄어들고 건강한 삶을 유지할 수 있습니다. 소설가 박완서는 암으로 투병하다가 80세의 나이로 세상을 떠났습니다. 그녀는 '일상의 기적'이라는 글을 남겼는데 소개해 드리겠습니다.

덜컥 탈이 났다.
유쾌하게 저녁식사를 마치고 귀가했는데
갑자기 허리가 뻐근했다.

자고 일어나면 낫겠거니 대수롭지 않게 여겼는데
웬걸,
아침에는 침대에서
일어나기조차 힘들었다.

그러자
하룻밤 사이에
사소한 일들이
굉장한 일로 바뀌어 버렸다.

세면대에서
허리를 굽혀 세수하기,
바닥에 떨어진 물건을 줍거나
양말을 신는 일,
기침을 하는 일,
앉았다가 일어나는 일이
내게는 더 이상 쉬운 일이 아니었다.

(중략)

얼마 전에는 젊은 날에
윗분으로 모셨던 분의 병문안을
다녀왔다.
몇 년에 걸쳐

점점 건강이 나빠져
이제 그분이
자기 힘으로 할 수 있는 것은
눈을 깜빡이는 정도에 불과했다.

예민한 감수성과
날카로운 직관력으로
명성을 날리던 분의
그런 모습을 마주하고 있으려니,

한때의 빛나던 재능도
다 소용없구나 싶어
서글픈 마음이 들었다.

돌아오면서
지금 저분이 가장 원하는 것이
무엇일까 생각해 보았다.

혼자서 일어나고,
좋아하는 사람들과
웃으며 이야기하고,
함께 식사하고
산책하는 등
그런 아주 사소한 일이 아닐까.

다만 그런 소소한 일상이
기적이라는 것을 깨달았을 때는
대개는 너무 늦은 뒤라는 점이
안타깝다.

(후략)

    일상에서 얼마나 감사하며 사나요? 사소한 일이 너무 시시
하다고 느껴져 단점만 보고 불평만 늘어놓고 있나요? 시간이 나
이 속도로 지나간다는 말이 있습니다. 빠른 속도로 지나가는 세
월을 붙잡으세요. 하나님은 오늘 하루에 보석 같은 기쁨을 숨겨
놓으셨습니다. 보물찾기하듯 감사거리를 찾아보세요. 밥을 먹
을 수 있는 것, 걸을 수 있는 것, 사람들과 웃으며 대화하는 소소
한 일상이 너무 값진 보물입니다.

    50세 이상이 되면 여기저기 아프기 시작합니다. 그렇다고 해
도 아파서 너무 힘드니 내 인생은 불행하다, 남들은 행복한 것
같은데 나는 왜 아무것도 없나 하지 마세요. 문제를 보는 시선을
바꾸어 보세요. 생각의 흐름을 바꾸어 보세요. 아파도 숨 쉬며
사는 오늘을 감사하고, 힘든 일이 있어도 주님이 내 삶을 이끌고
계심을 믿고 인내한다면 힘찬 인생 후반을 맞이하게 될 것입니

다. 하루를 마무리하며 감사일기를 써 보십시오. 감사일기를 쓰면 오늘 하루에 아름다운 마침표를 찍게 됩니다. 늘 감사거리를 찾으면 어느새 하루가 알차고 기뻐집니다. 내가 기쁘면 다른 사람에게까지 그 기쁨이 전파됩니다. 기쁨을 전파하는 전도자로 살기를 바랍니다.

4
CHAPTER

육 관리 :
하나님의 성전임을 기억하라

Active Senior

단순한 생활이
건강 비결이다

최근 우리나라에 '영시니어'(Young Senior)라 불리는 세대가
주목받고 있습니다. 만 55-64세(1960-1969년생)에 해당하는 영시
니어들은 약 860만 명에 이르는데, 이는 전체 인구의 18퍼센트
를 차지합니다. 1960년대에 태어난 이들은 과거 노인들에 비해
교육 수준이 높고 급변하는 사회를 겪었기 때문에 새로운 것을
배우는 데도 적극적이라고 합니다.

'고령자고용촉진에 관한 법률'에 따르면 만 55세 이상을 고
령자로 분류하고 있는데, 영시니어는 '고령'이라는 표현이 무색
할 정도로 젊고 건강에도 관심이 많습니다. 우리 몸을 건강하게
만들려면 단순한 삶(Simple Life)을 지향해야 합니다. 심플라이프
를 추구하면 스트레스가 적어집니다. 심플라이프는 욕심, 탐심,
비교의식을 버리고 단순하고 검소한 삶을 사는 것을 말합니다.
요즘은 TV, 동영상, SNS 때문에 늦은 시간까지 자지 않고 피로

가 누적된 삶을 사는 사람이 많습니다. 특히 SNS는 비교 의식을 자극하고 과소비로 이끕니다. 단순한 삶에서 멀어질수록 우리 건강에는 적신호가 뜰 것입니다. 선택과 집중이 중요합니다. 내 인생에서 중요한 것부터 하고, 그렇지 않은 것들은 포기하는 게 좋습니다. 그리고 도시의 시멘트 문화에서 벗어나 숲길도 걷고 자연을 즐기십시오. 가족과 함께 맛있는 음식도 드십시오. 삶의 여유를 만들어 가십시오.

의학의 아버지라 불리는 히포크라테스는 건강에 관한 명언들을 많이 남겼는데 이는 오늘날에도 여전히 영향을 주고 있습니다. 히포크라테스는 신체 건강뿐 아니라 정신 건강도 중요하다고 강조했습니다. 특별히 긍정적인 마음가짐과 스트레스 관리가 건강에 큰 영향을 미친다고 했습니다. 히포크라테스의 건강 명언을 소개합니다.

히포크라테스의 건강 명언

1. 병은 이유 없이 갑자기 생기지 않는다. 잘못된 음식 습관, 스트레스, 과로 등이 원인이다.
2. 음식은 곧 약이고, 약이 음식이다. 음식으로 고치지 못하는 병은 약으로도 못 고친다.

3. 모든 질병은 장에서 시작된다. 장은 육체처럼 운동을 할 수 없다. 즐거운 마음으로 흥겹게 움직이는 것은 최고의 운동이다.

4. 최고의 치료법은 걷기 운동이고, 최고의 약은 즐거운 웃음이다.

5. 우리 몸 안에 있는 자연 치유의 힘이야말로 모든 병을 고치는 진정한 치료제다.

6. 지나친 운동을 비롯해 지나친 모든 것은 자연을 거스르는 행위다.

7. 우리가 먹는 것이 곧 우리 몸이 된다.

8. 음식은 약이 되기도 하지만 많이 먹으면 독이 된다.

9. 적지도 많지도 않은 적당한 양의 음식과 운동은 건강을 위한 가장 훌륭한 처방이다.

10. 웃음이야말로 몸과 마음을 치료하는 명약이다.

11. 야생 동물은 병이 나면 굶는다. 단식은 인간의 신체를 대청소하고 고(高)난치병과 만성병의 근본 원인을 해결하는 유일한 방법이다.

12. 인간은 몸 안에 100명의 명의를 가지고 태어난다.

4장 육 관리: 하나님의 성전임을 기억하라

행복 호르몬 네 가지

　나이가 들수록 건강한 몸을 유지하는 게 중요합니다. 몸은 마음과 깊은 연관이 있습니다. 마음이 행복해야 몸이 건강하다는 사실은 누구나 알고 있는 상식입니다. 우리를 건강하게 만드는 네 가지 호르몬이 있습니다. 그 종류가 무엇이고 어떻게 하면 활발히 생성되는지 방법을 알려 드리겠습니다.

　첫째, 세로토닌(Serotonin)입니다. 세로토닌은 '행복 호르몬'으로 알려져 있으며, 기분을 좋게 하고 우울증을 완화하는 데 도움을 줍니다. 세로토닌 수치가 높을수록 우울증과 불안감이 줄어드는 경향이 있습니다. 세로토닌은 많이 웃을 때 생성됩니다. 그런데 전혀 기쁘지 않지만 억지로라도 웃으면 뇌가 착각하고 세로토닌 호르몬을 내보낸다고 합니다.

　어린아이들은 하루에 200-300번을 웃는다고 합니다. 그에

비해 어른들은 하루에 고작 6-8번밖에 안 웃는데 그중에서도 절반은 비웃음이라는 우스갯소리가 있습니다. 그만큼 우리나라 사람들은 거의 웃지 않습니다. 뉴스와 신문을 보면 분노가 치밀어 오르고 화를 돋우는 소식이 가득합니다. 급격한 기후 변화 등으로 지금껏 경험하지 못한 변화를 겪으면서 불평과 짜증이 늘고 있습니다. 자신과 의견이 다른 사람을 서슴없이 비난합니다.

하나님은 우리에게 항상 기뻐하라고 말씀하셨는데 우리는 왜 이리 분노하고 불평하고 비난하고 짜증을 많이 내는 것일까요? 부정적인 면을 주목하기 때문입니다. 그리고 저는 그런 마음의 밑바탕에 교만이 깔려 있기 때문이라고 생각합니다. 우리는 하나님이 만드신 피조물에 불과합니다. 그럼에도 우리가 하나님의 자리에 올라가서 판단하고 정죄하기 때문에 내 기준에 맞지 않으면 이러한 부정적인 감정들을 갖게 되는 것입니다. 우리에게는 판단하고 정죄할 권리가 없습니다. 오직 하나님만이 의로운 재판관이십니다. 불안해하고 불쾌해하고 염려하는 것도 내가 내 삶의 주인이라는 교만함 때문에 생기는 감정이라고 생각합니다.

그러므로 하나님의 능하신 손 아래에서 겸손하라 때가 되면 너희를 높이시리라 너희 염려를 다 주께 맡기라 이는 그가 너희를 분노, 불평, 짜증, 비난, 불안, 염려 등을 치유하려면 겸손함이 답입니다. '모든 것은 하나님의 것이다' '세상 만물의 주인은 하나님이시다'라는 생각을 갖고 범사에 감사하십시오. 보다 차원 높은 감사를 하시기 바랍니다. 하나님이 나에게 복을 주시고 기도에 응답해 주실 때만 감사하는 것이 아니라 '그리 아니하실지라도' 감사하는 사람이 진짜 겸손한 사람입니다. 그 마음의 뿌리가 겸손인 사람은 도저히 감사할 수 없는 상황에서도 모든 것을 감사합니다. 하나님께 맡기며 늘 감사하면 마음이 언제나 행복합니다.

감사가 넘치고 행복한 마음이 들 때 뇌에서 생겨나는 세로토닌은 우리 몸 속 장(intestine)에도 있습니다. 장과 뇌는 깊은 연관이 있습니다. 장 내 세로토닌 수치가 높아지면 소화도 잘되고 수면의 질도 향상됩니다.

또 세로토닌은 햇볕을 많이 쬐면 생성됩니다. 그래서 적도가 통과하는 라틴 아메리카나 아프리카에 사는 사람들은 성격이 낙천적인 경우가 많습니다. 늘 노래 부르고 걱정이 별로 없는 사람들이 대부분인데, 이는 햇볕이 강하게 내리쬐는 지형적 요인 때문이 아닐까 싶습니다.

둘째, 도파민(Dopamine)입니다. 보상과 쾌감을 느끼게 하는 호르몬으로, 힘든 목표를 열심히 노력해서 달성했을 때 분비되는 호르몬입니다. 그밖에도 운동을 열심히 하거나 산책하거나 친구들과 맛있는 음식을 먹으면서 수다를 떨 때도 도파민이 생성됩니다.

셋째, 옥시토신(Oxytocin)입니다. 일명 '유대감 호르몬'이라고 합니다. 주로 신뢰와 애정의 감정을 느낄 때 생성되며, 사회적 유대감과 친밀감을 높입니다. 가령 친구들이나 가족, 형제와 만나서 밥을 같이 먹고 차도 마시고 함께 여행도 가면 옥시토신 호르몬이 생성됩니다. 다양한 사람과 만나고 그들을 섬기며 함께하는 것을 즐거워할 때 사람은 행복감을 느끼고 건강해집니다.

넷째, 엔도르핀(Endorphin)입니다. 통증을 완화하고 기분을 좋게 만드는 호르몬으로, 운동이나 웃음과 같은 활동을 통해 분비됩니다. 엔도르핀은 '내부'를 의미하는 '엔도'(endo)와 '모르핀'(morphine)에서 유래된 합성어로, 신체에서 자연적으로 생성되는 화학 물질입니다. 엔도르핀은 주로 뇌와 신경계에서 생성되며, 통증을 완화하고 기분을 좋게 하는 역할을 합니다.

엔도르핀을 발견한 사람은 베트남 전쟁에 파견된 의사들이라고 합니다. 베트남전 당시 전쟁의 참혹한 상황 속에서 의사들이 부상자들을 치료하면서 엔도르핀의 효과를 관찰하게 되었습니다.

두 명의 군인이 전쟁터에서 싸우던 중 총상을 입어 다리를 절단하게 되었습니다. 그중 한 명은 자신의 다리가 절단된 것에 대해 의사에게 화를 내고 아프다고 밤새 소리를 지르며 욕하고 삶을 비관했습니다. 한편 다른 군인은 비록 다리를 잃었지만 감사를 잃지 않으며 소망을 붙잡았습니다. 자신을 만나기 위해 베트남으로 오고 있는 아내와 자녀들을 기다리며 아픔을 이겨냈습니다. 신기한 것은 화내고 욕하고 소망을 발견하지 못한 사람은 통증도 더 크게 느끼고 회복도 더딘 반면, 감사한 마음으로 가족을 기다린 사람은 통증도 줄어들고 회복 속도도 더 빨랐습니다.

의사들은 후자의 환자에게서 엔도르핀이 많이 생성된 것을 발견하게 되었습니다. 이와 같은 경험을 통해 의사들은 엔도르핀의 중요성을 알게 되었고, 환자에게 긍정적인 감정을 유도하고 심리적 안정을 도모하는 것의 중요성을 깨닫게 되었습니다.

크리스천으로서 말씀을 가까이하고 하나님 중심으로 산다면 심령뿐 아니라 의학적으로도 세로토닌, 도파민, 옥시토신, 엔도르핀이 많이 생성되고 면역력도 좋아지며 건강을 유지할 수 있습니다.

혹시 '나는 이제 늙었다. 나이가 많아서 할 수 있는 게 없다'라고 생각합니까? 그런 생각을 내려놓고 하나님을 향해 시선을 돌리십시다. 나이가 몇 살이든 구애받지 말고 어떻게 하면 더 많은 사람을 돕고 섬길까에 집중하며 살아 보십시오. 훨씬 젊고 건강한 노년을 누릴 수 있습니다.

4장 육 관리: 하나님의 성전임을 기억하라

뇌를 건강하게 유지하라

노인이 받는 트로피는 '애트로피'(Atrophy, 쇠퇴)라는 유머가 있습니다. 나이가 들면 생물학적 쇠퇴와 함께 이름을 잊고, 얼굴을 잊고, 지퍼 올리는 것과 내리는 것도 잊습니다. 하지만 《그리스도인으로 백 년을》이라는 책을 출간한 김형석 명예교수처럼 백세가 넘어도 현역 때처럼 왕성히 활동하는 분도 있습니다.

50대 이후 뇌 건강은 매우 중요합니다. 뇌 건강을 유지해야 인지 기능을 보호하고, 특히 치매를 예방할 수 있습니다. 뇌 건강을 잘 유지하기 위한 여러 가지 방법을 소개합니다.

첫째, 늘 새로운 것을 배우십시오. 중년 이후에도 지속적으로 배우는 것은 개인의 성장뿐만 아니라 세상을 행복하게 하는 데도 큰 도움이 됩니다. 제 아내는 지금도 새로운 것들을 배우려고 노력합니다. 저도 책을 많이 읽고 매일 신문을 읽고 있는데,

관심 있는 분야는 부지런히 스크랩을 합니다. 나중에 책을 쓰거나 강의할 때 필요한 자료들입니다. 간단한 악기도 배워서 연주해 보십시오. 그러면 건강한 뇌를 유지할 수 있습니다.

둘째, 손으로 하는 활동을 많이 하십시오. 손을 쓴다는 것은 뇌를 자극하는 것과 연결됩니다. 성경 필사를 하면 좋습니다. 감사 일기도 빠뜨리지 말고 꾸준히 쓰십시오. 제 아내는 매년 성경 전체를 필사합니다. 최근에는 영어 성경 필사에 도전하고 있습니다. 또 큐티를 하면서 그날의 성경 묵상 내용을 기록하고 있습니다. 저도 아내와 같이 매일 큐티하고 성경 암송과 읽기를 하며 하나님 중심으로 살려고 노력합니다. 우리 부부는 아침 일찍 스크린 골프장에 가서 골프를 치며 손을 움직이는 가벼운 운동을 하고 있는데 이 또한 여러 유익이 있습니다.

셋째, 눈, 코, 입을 많이 쓰십시오. 하루 종일 말할 상대가 없거나 혹은 부부가 함께 있어도 대화를 거의 나누지 않는다면 의도적으로 노력해야 합니다. 저는 형제나 친척이나 친구에게 수시로 전화를 걸어 대화를 자주 나눕니다. 가끔 미국에 있는 지인들에게 인터넷을 활용해 영상통화를 하기도 합니다. 친구들이나 지인들과 맛집 투어도 하고 미술관이나 음악회에도 다니십시오.

4장 육 관리: 하나님의 성전임을 기억하라

교회 후배나 청년들에게 밥도 사 주며 신앙 이야기, 사는 이야기도 나누십시오. 눈, 코, 입이 즐거우면 뇌도 즐거워집니다.

넷째, 매일 15분간 중강도 운동을 하십시오. 우리 부부는 매일 30분 정도 손을 꼭 잡고 산책을 합니다. 오후에는 국민 체조를 몇 번씩 반복하며 30-40분 정도씩 온몸을 움직입니다. 귀찮더라도 꼭 시간을 정해 운동하는 습관을 갖기 바랍니다.

다섯째, 하루 7시간 이상 숙면을 취하십시오. 연구에 따르면, 잠자는 동안 뇌의 신경세포가 노폐물을 청소하는 활동이 증가한다고 합니다. 신경세포가 뇌 속 노폐물을 청소할 시간을 확보하기 위해서는 적절한 수면이 필요합니다. 즉 잘 자야 뇌가 깨끗이 청소됩니다. 하루 7시간 이상 숙면을 취하길 권합니다.

여섯째, 음식을 싱겁게 먹으십시오. 짠 음식을 자주 섭취하면 고혈압이 발생할 수 있으며, 이는 뇌졸중과 같은 심각한 뇌 질환의 위험을 증가시킵니다. 나트륨은 신경전달물질의 균형에 영향을 미치며, 과도한 나트륨 섭취는 뇌의 신경세포에 손상을 줄 수 있습니다. 따라서 짠 음식의 섭취를 줄여 가며 싱거운 맛에 익숙해지는 것이 필요합니다.

저속노화 식사법

최근 정희원 교수가 출간한 《저속노화 식사법》이 화제가 되었습니다. 저속노화 식사는 일명 '마인드(MIND) 식사'라고도 불리는데, 'Mediterranean-DASH Intervention for Neurodegenerative Delay'의 약자입니다. 20-30대 만성 질환자가 급증하면서 저속노화 식단이 주목을 받았는데, 이 식사법은 노화 과정을 늦추기 위해 설계된 식단으로, 건강한 식습관을 통해 신체와 뇌의 건강을 동시에 유지하는 데 중점을 둡니다. 이 식사는 주로 혈당 지수가 낮은 음식들로 구성되어 있으며, 만성 질환 예방에 효과적입니다. 식습관과 생활 습관 개선에 도움을 주는 저속노화 십계명과 저속노화 식사의 기본 권고 사항을 소개합니다.

저속노화 십계명

1. 흰쌀밥은 잡곡밥으로 바꾸기
2. 붉은 고기 덜 먹기
3. 견과류 매일 한 줌 먹기
4. 베리류 과일 조금 더 먹기
5. 올리브오일로 요리하기
6. 영양제보다 과일, 채소 먹기
7. 식사 후 걷거나 집안일하기
8. 금연, 절주하기
9. 매일 회복 수면 취하기
10. 항상 중용을 지키기

추천 음식

1. 푸른잎 채소 : 일주일에 6회 이상 섭취
2. 각종 채소 : 매일 1회 이상 섭취
3. 베리류 : 일주일에 2회 이상 섭취
4. 견과류 : 일주일에 5회 이상 섭취
5. 올리브오일 : 주 요리용 기름으로 사용

6. 통곡물 : 매일 3회 이상 섭취

7. 생선 : 일주일에 1회 이상 섭취

8. 콩 : 일주일에 3회 이상 섭취

9. 가금류 : 일주일에 2회 이상 섭취

비추천 음식

1. 붉은 고기 : 일주일에 4회 미만 섭취

2. 버터와 마가린 : 하루에 1큰술 미만 섭취

3. 치즈 : 일주일에 1회 미만 섭취

4. 튀김류, 패스트푸드 : 일주일에 1회 미만 섭취

5. 페이스트리, 단 음식 : 일주일에 5회 미만 섭취

저속노화 십계명은 건강한 식습관과 생활 습관을 통해 노화 과정을 늦추는 데 도움을 줍니다. 지혜로운 식사법은 스트레스까지 줄여 주며, 삶에 건강과 활기를 더합니다.

50대 이후 건강한 몸을 유지하기 위한 팁을 알려 드립니다. 앞에서 소개한 내용과 중복되는 부분도 있지만 자신뿐 아니라 가족의 건강을 지키기 위해 잘 알고 실천하면 100세까지 건강하게 사는 데 문제없을 것입니다.

- 하루에 꼭 6-8시간 단잠을 주무세요.
- 잠자리에서 일어나면 누워서도 자신만의 운동을 하세요.
- 일어나자마자 입 안을 양치하거나 물로 입 안을 세 번 정도 헹구세요. 그리고 따뜻한 물을 한 잔 마셔요.
- 아침 식사는 절대 거르지 말고 야채를 많이 드세요.
- 계란 프라이는 필수로 두 개씩 드시고, 30분 후 두유 한 잔도 더 불어 드세요.
- 매끼 빠뜨리지 말고 양파와 오이를 드세요. 양파는 혈전 청소부

요, 오이는 장내의 노폐물 배출자입니다.

• 나이가 들수록 일주일에 세 번 이상 단백질을 섭취하세요. 육류로는 오리고기, 돼지고기 앞다리살 등이 좋습니다. 고기는 굽거나 볶지 말고 수육으로 드세요. 생선도 곁들이면 금상첨화입니다.

• 포화지방산이 많은 고기(소갈비, 양갈비, 삼겹살, 닭껍질 등)는 되도록 멀리하세요.

• 밀가루 음식은 가급적 자제하세요. 국수, 빵, 수제비, 과자 등을 먹으면 몸에 빠르게 흡수되면서 혈중 포도당을 끌어올리기 때문입니다. 그래서 췌장이 인슐린을 만드느라 무리하게 되고 노후에는 고혈압이나 당뇨로 이어집니다.

• 우리가 일반적으로 생각 없이 많이 먹는 튀김 요리, 후라이드 치킨, 햄버거, 피자, 마요네즈도 몸에 안 좋습니다. 식습관을 바르게 갖지 못하면 결국 병이 찾아오기 마련입니다.

• 되도록 저녁 8시 이후에는 음식을 자제하세요.

• 잠들기 전에 뜨거운 물 한 잔으로 몸을 편히 해주면 숙면에 좋습니다.

수분 섭취가 중요하다

코로나19를 겪으면서 몸의 면역체계에 많은 관심을 갖게 되었습니다. 우리 몸의 면역체계가 잘 작동하려면 물을 잘 마셔야 합니다. 물을 잘 마시지 않을 때 생기는 병 중 하나가 치매라고 합니다. 우리 몸은 수분이 부족하면 물 없어도 살 수 있는 부분부터 물 공급을 차차 줄여 나갑니다. 보통 30대부터 물을 잘 마시지 않게 되고 40-50대부터는 더 마시지 않습니다. 그랬을 때 우리 몸 중 어디가 가장 먼저 늙어 갈까요? 바로 피부입니다. 피부가 말랐다고 죽지는 않기 때문에 몸은 피부부터 물을 공급하지 않게 됩니다.

그다음 물 공급을 줄여 나가는 곳이 장기입니다. 이때는 50-60대에 접어듭니다. 그래서 이 나이대가 되면 여기저기 아픈 곳이 많아집니다. 물론 그동안 많이 사용하기도 했지만 말입니다. 물이 부족하면 최종적으로 뇌에 물 공급이 잘되지 않습니다. 드디어 뇌가 아프기 시작합니다. 그래서 노인이 되면 뇌 관련 질환이 많습니다.

이처럼 물 부족은 만병의 근원입니다. 반대로 물만 잘 마셔도 질병의 80퍼센트는 자연 치유가 가능하다고 합니다. 치매 예방은 물론이고 치매를 늦추는 데 중요한 역할을 합니다.

몸의 건강을 위해서는 냉수보다는 상온의 물이 좋습니다. 냉수는 체온을 떨어뜨리는데, 체온이 1도 떨어질 때마다 면역력이 30퍼센트, 기초 대사력은 12퍼센트씩 떨어집니다. 또 냉수는 소화, 혈액순환, 효소의 활성 기능을 떨어뜨리고, 체내 세포를 산화시켜서 노화를 촉진합니다. 암세포는 저체온 상황에서 활성화되고, 고체온에서는 얼씬도 못한다고 합니다. 아프면 몸에 열이 나는 이유도 몸이 스스로 체온을 높여 몸속에 들어온 병균을 죽이거나 퇴치하여 살리려는 자생 능력 때문입니다. 이처럼 몸을 따뜻하게 하는 것이 중요합니다. 지금껏 냉수만 마시는 습관이 있었다면 속히 상온의 물을 마시는 습관으로 바꾸시기 바랍니다.

4장 육 관리: 하나님의 성전임을 기억하라

5

관계 관리 :
복수 대신 용서와 섬김으로

Active Senior

중년 이후가 되면 부부 관계가 중요한 이슈입니다. 한 중년 부인을 만났는데 그분은 강아지를 남편보다 더 귀중하게 여긴다고 합니다. 자신은 남편도 필요 없고 강아지만 있으면 된다고 하더군요. 그래서 그 집 남편은 혹시 아내가 자신을 버릴까 봐 강아지를 꼭 안고 산다는 우스갯소리를 했습니다. 남편 입장에서는 억울할 것입니다. 가족을 위해 치열하게 살다가 고개를 들어 보니 어느새 황혼기가 왔는데 가족은 자신을 달가워하지 않는 겁니다. 그 시기가 5년, 7년 흐르다 보면 완전히 권태기가 굳어집니다. 그래서 이혼까지 생각하게 됩니다.

언론에 보도되는 유명인의 이혼 사유를 보면 대부분 '성격 차이'라고 나오는데 과연 그럴까요? 사람은 모두 성격이 다릅니다. 하나님은 한 사람도 똑같게 창조하지 않으셨습니다. 사람만이 아닙니다. 하나님은 우주 만물을 정말 다양하게 만드셨습니다. 그러니 어느 부부든 성격 차이가 있을 수밖에 없습니다. 따라서 하나님을 믿는 우리는 부부가 서로 다른 것이 축복인 줄 믿어야 합니다.

하나님은 가정의 설계도를 만드실 때 서로 다른 남녀가 만나서 돕는 배필로 살아가도록 하셨습니다. 만약 부부가 차이점은 없고 공통점만 있다면 어떨까요? 처음에는 잘 맞는다고 좋아할 수 있습니다. 그러나 시간이 지날수록 재미가 없어질 것입니다. 남녀는 상대방이 나와 다를 때, 그 다른 점을 보며 굉장한 매력을 느낍니다. 하나님이 그렇게 창조하셨습니다. 물론 부부 사랑이 쉽지는 않습니다. 아내는 보살핌 받을 때 사랑을 느끼고, 남편은 존중받을 때 사랑을 느끼니 아내는 보살피지 않는다고 잔소리하고, 남편은 무시한다고 분노합니다. 서로 달라서 사랑했는데 서로 다르다고 다툽니다.

부부가 다툼을 멈추고 아름답게 조화를 이뤄 가기 위해서는 '실력'이 필요합니다. 예를 들어, 피아노 합주를 한다고 칩시다. 두 사람이 자신이 맡은 분야를 각각 잘 치면 아름다운 음악이 완성됩니다. 그런데 서로 맞지 않고 제대로 못 쳐서 불협화음이 나면 그 음악은 소음이 됩니다. 완벽한 하모니를 이루기 위해서는 피아노 연습을 열심히 해야 합니다. 다른 길은 없습니다.

피아노를 배울 때 처음부터 잘하는 사람이 없듯이 부부 관계도 처음에 갈등이 일어나는 것은 당연합니다. 하지만 부부가 서로의 차이를 이해하고 그로 인해 불협화음이 아니라 하모니를 이루기 위해서는 의지와 결단도 필요합니다. 부부 상담이나 세미나, 교육, 독서 등을 통해 실력을 갖춰 가야 합니다. 노력하지 않는 데도 저절로 좋아지는 관계는 없습니다.

어린아이의 특징이 무엇입니까? 자기중심적이고 남을 배려하지 못합니다. 성인이라 해도 미숙한 부부는 상대를 잘 배려할 줄 모릅니다. 매사에 '내가 최고다'라고 생각하며 자기 멋대로 행동합니다. 하지만 성숙한 사람은 다른 사람을 포용할 줄 알고 이해하며 배려할 수 있는 능력이 있습니다.

저는 40년 동안 전 세계를 다니면서 부부생활 세미나를 인도했습니다. 감사하게도 이혼 도장을 찍기 직전에 있던 부부가 세미나를 통해 돌아오고 회복하는 역사가 일어났습니다. 자신의 배우자가 바닥에 있는 흔한 돌멩이인 줄 알았는데 보석이라는 것을 깨달았다는 이야기도 들었습니다.

우리는 내 옆에 있는 남편 혹은 아내를 하나님이 나에게 주신 보석으로 여기지 못할 때가 많습니다. 배우자를 그저 돌멩이로 알고 무시하는 것입니다. 하지만 부부 관계의 실력을 갖춘 사람은 자신의 배우자가 보석인 것을 딱 알아봅니다. 그리고 그 원석을 아름다운 다이아몬드로 연마해 갑니다.

빈 둥지 증후군을
함께 극복하자

부부가 50대가 되면 자녀들이 고등학교를 졸업하고 성장하여 집을 떠나면서 상실감과 외로움을 느끼는 빈 둥지 증후군 (Empty Nest Syndrome)이 생길 수 있습니다. 이때도 부부가 세미나 등에 참석하여 함께 훈련을 받는 것이 좋습니다. 제가 세미나를 인도할 때도 그 시기의 부부가 많이 참석했습니다. 부부가 둘이서 오롯이 시간을 보내야 하는데 쉽지 않기 때문입니다. 부부 단둘이 거의 매일 24시간을 함께 있어야 하는데 얼마나 어색할까요? 서로 부담스럽습니다. 그러니 자꾸 싸우게 됩니다. 그런데 이때 부부가 훈련의 필요성을 깨닫고 노력하고 실행에 옮긴다면 오히려 전화위복이 되어 가정이 더 화목해집니다. 부부 관계가 좋으니 자녀에게 쏟아붓던 잔소리도 줄어듭니다. 자녀들을 한 인격체로 존중하며 배려하고 세워 주니 소원했던 자녀와의 관계가 회복되고, 자녀도 그런 부모님을 존경하게 됩니다. 그런데 부부가 별 노력 없이 각자의 시간을 보내면서 늘 싸운다면 자녀들도 집에 오고 싶어 하지 않고 부모님을 멀리하게 되겠지요.

부부관계는 물론이고 자녀와의 관계까지 좋아지면, 도미노처럼 이웃과의 관계, 직장 동료들과의 관계도 좋아집니다. 자기 중심이 아니라 상대방 위주로 양보하고 배려하는데 싫어할 사람이 어디 있겠습니까.

부부가 공동의 취미를 찾는 것도 관계 회복과 빈 둥지 증후군을 피하는 좋은 방법입니다. 부부가 서로 마음을 맞추고 하나되기 위해서 적극적으로 나서고 늘 배우려는 삶의 태도를 가져야 합니다. 부부가 젊은 시절에는 서로 일하랴 자녀들 양육하랴 취미생활을 즐길 여유가 없었을 것입니다. 하지만 퇴직 후에는 긴 시간을 함께 보내야 하기에 서로 부담 없이 할 만한 취미를 찾아보기 바랍니다.

요즘은 집 주변에 산책하기 좋은 공원이 많습니다. 부부가 함께 가볍게 산책을 하거나 30분 혹은 1시간 정도 등산을 하면 좋습니다. 테니스, 배드민턴, 탁구 등 복식으로 운동을 하거나 간단한 악기를 배워 볼 수도 있습니다. 함께 기타를 배워서 기회가 되면 이중주로 연주하고 교회 행사에서 발표할 수도 있습니다. 바이올린이나 클라리넷 등의 클래식 악기 연주도 도전해 볼 수 있습니다.

저희 부부는 스크린 골프가 취미입니다. 필드 골프를 나가면 좋지만 비용이 만만치 않고, 자동차로 한두 시간 이상 가야 해서 스크린 골프로 대신합니다. 스크린 골프는 가까운 곳에 많아서 편하게 다닐 수 있을 뿐더러 비용도 1만 원 정도면 됩니다. 필요하다면 여행도 다니고 캠핑도 가 보십시오. 부부가 중년이 되어 갑자기 가려니 어색할 수 있지만 함께할 취미를 만들어 놓으면 재미를 느끼고 친구처럼 지낼 수 있습니다.

100퍼센트 성공하는
인간관계의 비밀

인간관계를 잘 맺는 것은 평생의 숙제일 만큼 매일 훈련해야 할 영역입니다. 저는 100퍼센트 성공하는 인간관계의 비결 여섯 가지를 발견했습니다. 즉 인간관계의 소극적인 방법 세 가지와 적극적인 방법 세 가지가 그것입니다.

져 주고 양보하고 손해 보라

우선 100퍼센트 성공하는 인간관계의 소극적인 방법 세 가지를 소개하겠습니다. 예수님이 이 땅에 계실 때 사람에게 다가간 세 가지 태도입니다. 즉 져 주고, 양보하고, 손해 보는 것입니다.

···누구든지 네 오른편 뺨을 치거든 왼편도 돌려 대며 ···또 누구
든지 너로 억지로 오 리를 가게 하거든 그 사람과 십 리를 동행
하고 마 5:39, 41

예수님의 논리는 세상 논리와는 반대입니다. 이 말씀을 머리
로는 알지만 삶으로 실천하기는 어렵습니다. 현대인은 반드시
이기려 하고, 양보는커녕 내가 먼저 대접받고 싶어 합니다. 기꺼
이 손해 보려는 사람을 찾기가 힘듭니다. 예수님은 하나님의 아
들이시지만 스스로 낮아지셔서 인간의 몸으로 이 땅에 오셨습
니다.

그는 근본 하나님의 본체시나 하나님과 동등됨을 취할 것으로
여기지 아니하시고 빌 2:6

제자들은 서로 자신이 예수님의 보좌 우편에 앉겠다고 다투
었지만(막 10:37) 예수님은 아낌없이 주셨습니다. 저도 예수님을
뜨겁게 만난 후 그분의 방법대로 져 주고, 양보하고, 손해 보며
살겠노라 다짐했습니다.
미국에 있는 병원에서 일할 때 이 방법을 실천하기로 했습
니다. 저는 마취과 의사들 그룹에 속해 있었는데, 수익이 생기

면 구성원 다섯 명과 공평하게 나누는 구조였습니다. 제가 수익금을 나누는 역할을 했는데 대부분은 수익금이 정확하게 5분의 1로 나눠지지 않았습니다. 그럴 때마다 저는 다른 구성원들보다 조금 적은 수익금을 받았습니다.

저는 한두 번만 적은 금액을 받은 것이 아니라 끝까지 조금씩 손해를 보았습니다. 처음에는 동료들이 그것을 당연하고 공평하다고 여겼습니다. 하지만 시간이 지날수록 사람들이 저를 좋아하기 시작했습니다. 그리고 한 동료가 저에게 이렇게 물어보았습니다.

"닥터 박, 내가 오랫동안 지켜보니까 당신은 다른 사람하고는 다르네요. 다른 의사들은 서로 더 많은 수익을 챙기려고 혈안인데, 닥터 박은 그렇지 않네요. 닥터 박이 믿는 예수님을 저도 믿고 싶어요."

이 말을 한 동료는 평소에도 제가 병원에서 틈나는 대로 성경책을 읽고 찬송하고 기도해 주는 모습을 많이 보았다고 했습니다. 그리고 돈 문제에서도 다른 사람들과 다른 태도를 취하는 모습을 보면서 자신도 교회에 다니기 시작했습니다. 이처럼 져주고 양보하고 손해 보는 삶을 실천하다 보니 천하보다 귀한 한 영혼을 얻게 되었습니다. 또 한 사람이 있습니다. 예수님을 믿지 않던 마취과 A 과장이었습니다. A 과장은 제가 예수 믿는 것을 못마땅하게 여기고 핍박도 했습니다. 수익금을 배분할 때도 저보다 많이 가져가려고 굉장히 노력했습니다. 저도 억울할 때가 있었지만 속으로 이렇게 기도하며 참았습니다. '하나님, 돈은 모두 주님의 것입니다. 하나님은 제가 필요한 만큼의 돈을 주시는 분입니다. 얼마를 주시든 감사합니다.'

앞서 말씀드렸듯이 저는 60세가 되기 전에 병원을 조기 은퇴했습니다. 전 세계를 돌아다니며 사역할 곳이 너무 많았기 때문입니다. 그런데 저를 핍박하던 A 과장을 비롯해 다른 동료 의사들은 80세가 되어도 여전히 의사로 활동하고 있었습니다.

제가 의사를 그만두고 15년쯤 지난 어느 날, 모임이 있어서 참석했는데 A 과장이 와 있었습니다. 서로 인사를 하고 떨어져 앉아 있다가 화장실을 다녀오는 길에 A 과장을 마주쳤습니다. 알고 보니 A 과장이 화장실 문 앞에서 저를 기다리고 있었습니다. A 과장은 대뜸 "내가 그때 그렇게 하지 말았어야 했는데…." 라며 연거푸 말하는 것이었습니다.

그러면서 A 과장은 제가 병원을 떠난 후 다음에 만나면 꼭 미안하다고 말하고 싶었다고 했습니다. 사실 A 과장은 저와 일할 때 자신의 수익을 늘리려고 굉장히 노력했습니다. 그 과정에서 제가 손해를 많이 보았습니다. 저는 그에게 이렇게 이야기했습니다.

"A 과장님, 괜찮습니다. 저는 그때 같이 일하면서 참 좋았습니다. 저를 잘 대해 주셔서 고마웠습니다."

그리고 저는 이 한마디를 덧붙였습니다.

"A 과장님도 예수님을 믿으면 참 좋겠습니다."

그랬더니 놀랍게도 "나는 아직 안 믿지만 우리 애들은 다 믿고 있어"라고 말하는 것이었습니다. 그때 제가 "자녀들은 다 천국 가는데 A 과장님만 지옥 가면 되겠어요?"라고 말했고, 그가 한번 생각해 보겠다고 했습니다.

우리 크리스천은 예수님을 모르는 사람에게 전할 때는 말로 전도해야 하지만, 나와 자주 만나고 가까이 있는 사람들에게는 삶과 인격으로 전도해야 된다는 걸 깨달았습니다. 믿지 않는 사람과 달리 져 주고 양보하고 손해 볼 때 "저 사람은 어떻게 저럴 수 있지? 나도 저 사람처럼 살고 싶다"라는 말을 듣게 될 것입니다. 이 말을 듣는 사람이 진정한 크리스천이라고 생각합니다.

베풀고 나누고 섬기라

100퍼센트 성공하는 인간관계의 적극적인 방법 세 가지는 베풀고, 나누고, 섬기는 것입니다. 저는 어느 순간 돈을 보면서 종이 쪼가리라는 생각을 하게 되었습니다. 많이 가져 봐야 무슨 소용인가 싶었습니다.

병원에서 한참 활동하던 1980년대에 급여를 통장으로 입금해 주었는데 때로는 현금으로 받기도 했습니다. 그 돈으로 생활하고도 계속 돈이 쌓였는데 우리 가족이 살기에는 너무 많았습니다. 그때에도 필요한 돈 이상은 낭비하지 않기로 결단했기에 돈이 많이 모인 것입니다. 우리 부부가 하나님 중심으로 살기로 결심하니 하나님이 욕심도 줄여 주셨습니다. 예나 지금이나 우리 부부는 명품을 사 본 적이 없고 고급 승용차를 탐해 본 적도 없습니다. 대신 최대한 아끼고 근검절약하여 하나님 나라를 위해 주저함 없이 사용했습니다. 베풀고 나누었습니다. 우리 부부는 잠언에 나오는 기도를 드렸습니다.

곧 헛된 것과 거짓말을 내게서 멀리 하옵시며 나를 가난하게도 마옵시고 부하게도 마옵시고 오직 필요한 양식으로 나를 먹이시옵소서 잠 30:8

하나님은 저희가 여유 있게 살 정도만 돈을 쓰고 나머지는 다른 사람과 나누는 훈련을 시키셨습니다.

저는 예나 지금이나 십일조가 아니라 십의 이조 이상을 드리고 있습니다. 여러 선교사님과 선교단체인 C.C.C.를 비롯해 CGNTV, CBS, CTS, C채널, 스쿨임팩트(School Impact), 한동대학교 등에 지금도 지속적으로 후원하고 있습니다. 은퇴하고 난 후 한때 후원을 멈출까 고민도 되었지만 하나님의 일이 우선이라는 생각으로 우리가 좀 더 검소하게 살기로 결단했습니다.

저희 부부가 한국에 와서 살게 된 지 17년이 넘었는데 그동안 새로 장만한 것이 거의 없습니다. 저희가 전세로 살고 있는 아파트 분리수거장에는 아직 쓸 만하고 거의 새것인데 내다 버린 물건들이 많습니다. 책상, 의자, 침대, 식탁 등 필요한 것 대부분을 거기서 가져와서 쓰고 있는데 아무 문제가 없습니다. 저희 부부는 아직 쓸 만한데 버리는 것은 낭비라고 생각합니다. 그리고 저나 아내나 형제 모임이 있으면 그때 비용은 90퍼센트 이상 저희가 냅니다. 명품을 구입하거나 고급 식당에서 외식하는 대신 가족 모임에 아낌없이 돈을 사용하는 것입니다. 그러다 보니 형제간에 우애도 잘 유지되고 더 자주 모이게 됩니다. 돈 문제로 마음 상할 일이 없으니 웃음꽃이 핍니다. 저희도 가족을 섬기는 기쁨이 있습니다.

감사한 것은 제 아내도 저와 생각이 비슷하다는 것입니다. 섬길 수 있는 것을 은혜로 여깁니다. 얼마 전 구정에도 처갓집 식구들이 손자손녀들까지 합해서 총 열일곱 명 왔다 갔습니다. 저희가 그들에게 맛있는 음식을 대접하고 그 비용도 다 냈습니다. 그런데 감사하게도 생활이 궁핍하거나 물질에 매여 살고 있지 않습니다. 섬길 수 있음이 은혜요 감사입니다.

내가 받은
위대한 유산은 신앙이다

돈의 주인은 하나님이지 결코 내가 아닙니다. 우리는 그저 돈 관리를 맡은 하나님의 청지기일 뿐입니다. 이 믿음을 저는 부모님에게서 배웠습니다.

미국 선교사를 통해 예수님을 영접하고 믿음으로 사신 저의 할아버지는 권서인(勸書人)으로 전도하며 여러 교회를 세우셨고 일제 강점기에 신사참배 거부로 일본 군병들에게 잡혀가셨습니다.

1937년 당시, 전라북도 내에서 신사참배를 반대하는 목사, 장로 등 165명이 투옥되었는데 일주일쯤 지나니 거의 풀려나고 일곱 명 정도가 남았다고 합니다. 결국 다른 사람들도 고문에 못 이겨 모두 신사참배를 했고, 할아버지 한 분만 남게 되었습니다. 할아버지는 홀로 모진 고문을 끝까지 견디시다가 죽음을 목전에 두고서야 간신히 출옥하실 수 있었습니다. 출옥 후 할아버지는 식사조차 하기 어려울 만큼 몸이 망가졌고 결국 순교하셨습니다.

당시 17세 무렵이었던 아버지는 등록금이 없어서 학교에서 쫓겨나기도 했지만 겨우 초등학교를 졸업한 후 돌아가신 할아버지 대신 집안의 가장 역할을 하기 위해 어린 나이에 취업 전선에 뛰어드셨습니다. 고향인 전라북도 익산을 떠나 돈을 벌기 위해 그 멀고 추운 함경북도 나진에 있는 목공소에 취직하여 기술을 배우셨고 온갖 고생을 하셨습니다.

하나님의 은혜로 아버지를 돕는 좋은 분들을 만난 덕분에 고향에서 장차 사업가로서 기반을 다질 수 있었고, 사업이 번창하여 큰 부를 이루게 되었습니다. 부자가 된 이후에도 아버지는 동네 이웃들을 외면하지 않고 이웃 사랑을 실천하셨습니다. 누가 어려움을 당했다거나 출산했다고 하면 그 집에 쌀 한 가마씩 보내기도 했습니다. 혹 거지나 부랑자들이 아버지에게 와서 "배가 고프니 밥 좀 주세요" "돈이 필요해요" 하면 거절하지 않고 내주었다고 합니다. 그래서 동네 사람들이 아버지를 좋아했습니다. 그러다가 한국전쟁이 일어났습니다. 동네 사람들이 아버지에게 공산당들이 몰려오니 빨리 피하라고 했습니다. 그런데 아버지는 공산당이 그렇게 무서운 줄 모르고 집에 있다가 어딘가로 끌려갔습니다. 두려워 떨고 있는데 무리 중 한 사람이 아버지에게 "아니, 사장님이 왜 여기 계세요? 저 모르시겠어요?" 하는 거였습니다. 그는 전에 아버지에게 밥을 달라고 하고 돈도 요구했던 동네 부랑자 중 한 명이었습니다. 그는 아버지를 살짝 다른 방으로 데려가더니 "내일이면 저기 끌려온 사람들을 다 죽일 겁니다. 그러니 빨리 도망가세요"라고 말했습니다. 저는 하나님이 평소에 늘 베풀고 나누고 섬기시던 아버지를 기억하셨다고 믿습니다. 위기가 닥쳤을 때 하나님의 손으로 건짐 받았음을 믿습니다.

저희 아버지는 장로였는데 어느 해인가 합동측 장로 교단에서 장로 부총회장으로 선출되신 적이 있습니다. 초등학교밖에 못 나오신 분이 기라성 같은 박사 출신의 장로들을 제치고 그 큰 교단의 부총회장이 되신 것이 놀라웠습니다. 아버지 스스로도 어떻게 자신이 뽑혔는지 궁금하다고 하셨는데 나중에 알고 보니 아버지가 가난한 신학생들의 등록금을 묻지도 않고 다 내주고 섬기셨는데, 시간이 흘러 그 혜택을 받은 목사님들이 부총회장 선거 때 저희 아버지께 표를 주었다는 것을 알게 되었습니다.

제 아버지가 받으셨던 복이 저에게도 이어진 것 같습니다. 우리 가족은 한때 미국 고급 주택에서 살았습니다. 방이 다섯 개정도 되었는데 가장 큰 방에는 사우나실이 별도로 있었습니다. 앞마당도 아주 넓고 뒷마당에는 수영장도 있었습니다.

저희가 한국에 계신 양가 부모님을 초청했는데, 저희 부모님은 말년에 미국 우리 집에서 8년간 함께 사셨습니다. 아버지가 미국 저희 집에 계실 때 하루는 교단 총회로부터 전화가 왔습니다. 총회에서 네다섯 분의 목사님이 미국으로 시찰하러 가려고 하는데 우리 집에서 3-4일간 묵을 수 있는지 물어보는 내용이었습니다. 아버지가 고민도 없이 "예, 오세요"라고 하셔서 그분들이 왔습니다. 제 아내가 시찰하러 오신 목사님들께 푸짐한 아침상을 차려 드리면 식사 후 수영장에서 수영하고 의자에서 편히 쉬면서 아버지와 이야기를 나누셨습니다. 며칠 동안 최선을 다해 섬겨 드렸고, 일정이 다 되어 돌아가실 때가 되었습니다. 그런데 그분들이 디즈니랜드에 가고 싶다고 하셨습니다. 지금은 목사가 된 제 큰아들이 그분들을 모시고 비용도 다 내고 밥도 사 드리면서 디즈니랜드를 구경시켜 드리고 왔습니다.

그렇게 우리는 아버지와 함께 산 8년 동안 참 많은 분을 섬겼습니다. 정확하지는 않지만 저희가 그 기간에 거의 천 명 넘게 대접해 드린 것 같습니다. 저희 집에 50명 정도가 와서 집회를 한 적도 있었지만 아내는 한 번도 불만을 표시한 적이 없습니다. 신기하게 저도 부담으로 느낀 적이 없습니다.

어머니도 마찬가지였습니다. 아버지 사업이 잘되어서 시골에서 부자로 사셨지만 굉장히 알뜰하셨고 절약을 잘하셨습니다. 그러면서도 다른 사람에게는 후히 베푸셨습니다. 어머니는 늘 이렇게 말씀하셨습니다.

"우리가 돈을 절약하는 이유는 이 돈 갖고 내가 잘 먹고 잘살려는 것이 아니라 가난한 사람에게 주기 위해서다."

저희는 한 번도 무언가 보상을 바라고 이웃을 섬기고 대접한 적이 없습니다. 하지만 베풂과 나눔과 섬김의 씨앗은 그리 오래지 않아 열매를 맺기 시작했습니다. 제가 미국에서 의사를 그만두고 우리나라에 와서 사역을 하게 되었는데, 제가 도무지 모르는 목사님들이 전국 방방곡곡에서 집회 요청을 해주었습니다.

집회를 마치고 목사님께 저를 어떻게 알고 요청을 하셨는지 물어보니 "제가 장로님 댁에서 잠을 잤습니다" 하는 것이었습니다. 저는 깜짝 놀랐습니다. 하나님이 마치 퍼즐을 맞추시는 것 같았습니다.

주라 그리하면 너희에게 줄 것이니 곧 후히 되어 누르고 흔들어 넘치도록 하여 너희에게 안겨 주리라… 눅 6:38

많은 크리스천이 이 말씀을 알고는 있지만 진짜로 믿지는 못하는 것 같습니다. 그래서 남한테 주지를 못합니다. 돈이 생기면 자기 배만 채우고 자기 것만 삽니다. 크리스천이 욕심을 내려놓고 자기는 아끼며 살고, 남에게 후하게 베풀면 이 세상은 참 행복해질 것입니다. 최근에 저는 연금으로 생활하면서 매달 재정 계획에 맞춰서 살아가고 있습니다. 얼마 전 아는 분이 전화를 해서 동네에 불이 나서 형편이 어렵게 된 집이 있는데 도와달라고 했습니다. 제가 흔쾌히 상당액을 보내드렸습니다. 비록 수입이 거의 없고 은행 잔고는 줄고 있지만 괜찮습니다. 제가 좀 더 아끼면 됩니다.

앞서 소개한 인간관계의 소극적인 방법과 적극적인 방법을 실천하면서 돌아보니 제 주변에 원수 같은 사람이 없다는 것을 깨달았습니다. 종종 저를 오해하거나 무시하거나 상처를 주는 사람이 있기는 합니다. 하지만 저는 그들에게 복수하지 않습니다.

제가 그들을 용서할 수 있도록 기도합니다. 상대방이 저를 못마땅해하고 싫어할 수는 있지만 그것은 제 잘못이 아니라고 생각합니다. 그러면 미운 마음이 안개처럼 사라지고 어느 순간 그들이 불쌍하게 여겨집니다. 모든 것을 하나님 중심으로 생각하며 살다 보니 제 마음에 평안이 깃들어 있습니다.

자녀는 부모를 보고 자란다

우리는 자녀들에게도 돈에 관해 모범을 보여야 합니다. 자녀들이 어릴 때부터 십일조와 헌금을 내도록 철저히 가르치십시오. 자녀들에게 돈을 버는 이유는 좋은 집과 좋은 차와 명품을 사기 위해서가 아니라 복음을 전하기 위해서임을 철저히 가르쳐야 합니다. 저는 그 목적을 가지고 열심히 공부하고 성실히 일하라고 말합니다.

아이들이 저에게 이렇게 말한 적이 있습니다.

"아빠는 돈을 버는 의사가 아니라 돈을 쓰는 의사야."

맞습니다. 저는 지구를 80바퀴나 돌면서 하나님 나라와 의를 위하여 열심히 사역했습니다. 그러면서 오대양 육대주를 전부 자비량으로 다녔습니다. 누구한테서 비행기표를 받아 본 적이 없습니다. 신기하게도 우리 부부가 자족하고 작은 것에도 감사하니 자꾸자꾸 감사할 일이 생깁니다. 그리고 하나님이 넘치도록 채우시는 것을 경험합니다. 특히 자비량으로 전 세계로 사역을 다닐 때는 하나님이 제가 집필한 책들의 인세를 통해 채워 주셨습니다.

처음 출간한 《우리 사랑할까요?》는 제가 계획한 것도 아니었습니다. 故 하용조 목사님이 우연히 저에게 책을 쓰라고 이끌어 주셨습니다. 하나님의 섭리는 놀랍습니다. 《우리 사랑할까요?》는 100쇄가 넘었고, 다른 책들도 여전히 독자들의 사랑을 받고 있습니다. 제가 계획하지 않은 데서 돈이 들어옵니다. 이것은 하나님이 하시는 일입니다. 제가 하는 일이 아닙니다.

그런즉 너희는 먼저 그의 나라와 그의 의를 구하라 그리하면 이 모든 것을 너희에게 더하시리라 마 6:33

그러므로 내가 너희에게 이르노니 목숨을 위하여 무엇을 먹을까 무엇을 마실까 몸을 위하여 무엇을 입을까 염려하지 말라… 마 6:25

하나님이 무엇을 먹을까 무엇을 마실까 몸을 위하여 무엇을 입을까 염려하는 우리를 책망하십니다. "내가 자녀인 너희를 설마 굶기겠느냐, 내가 다 채워 줄 테니 그런 염려는 하지 말고 먼저 나의 나라와 나의 의를 구하라"고 말씀하십니다.

마태복음 6장 33절을 영어성경(NIV)으로 보면 "seek first his kingdom and his righteousness, and all these things will be given to you as well"입니다. 즉 최우선적으로 구할 것은 하나님 나라와 하나님의 의라는 것입니다. 그러면 하나님은 내가 구하지 않은 것까지 주신다고 하십니다. 이것이 믿음입니다.

믿음은 삶, 즉 생활입니다. 세상을 내 상식대로 사는 것은 믿는 사람의 태도가 아닙니다. 우리에게는 세상의 개런티(guarantee)가 아니라 하나님이 주시는 개런티가 있습니다. 하나님이 각자에게 주신 약속의 말씀을 늘 붙잡고 사시기 바랍니다. 또 잠언 3장 6절 말씀처럼 범사에 하나님을 인정하십시오. 그러면 하나님이 모든 일에서 우리를 지키시고 보호해 주실 것입니다. 이런 삶을 사는 사람이 진짜 부자입니다. 가진 것이 많아서 부자가 아니라 마음이 부자인 것입니다.

저는 예나 지금이나 마음 부자입니다. 자녀들은 부모의 삶을 그대로 보고 따라서 삽니다. 부모가 하나님만 의지하며 살면 자녀들이 잘됩니다. 저는 3남매를 두었는데 아이들이 세 살 무렵일 때부터 5년 동안 꾸준히 매일 가정 예배를 드리면서 하나님을 의지하는 훈련을 시켰습니다. 아이들 마음속에 '하나님이 너를 사랑하신다, 하나님이 너를 지켜 주신다'는 메시지를 심어 주려 노력했고 그 말씀이 뿌리 깊이 박혀 있습니다. 이제 손자손녀들에게까지 신앙이 전해져서 가끔 전화통화를 하면 다섯 살도 안 된 아이가 저를 위해 기도해 줍니다. 안타까운 것은 요즘 젊은이들이 어른을 존경하고 공경하는 마음이 많이 쇠퇴했다는 것입니다. 부모의 잔소리를 너무 듣기 싫어합니다. 하지만 어른을 공경은 하나님 공경으로 이어집니다.

아내와 택시를 타고 이동할 때 도로를 보면 양보하는 모습을 찾기가 힘듭니다. 공간이 생기면 좀더 빨리 가려고 차가 끼어들고, 조금이라도 지체하면 얼마 안 되어서 뒷차가 "빵빵" 거리고 난리가 납니다. 1초도 양보할 여유가 없는 각박한 세상입니다. 참으로 안쓰럽습니다. 크리스천도 예외가 아닙니다.

양보하지 못하고 기다리지 못하는 모습은 자기중심성 때문이라고 봅니다. 하나님을 떠난 사람들의 모습입니다. 져 주고, 양보하고, 손해 보기를 자처하고, 남을 긍휼히 여기고, 베풀며 사는 것은 내 힘으로는 안 됩니다. 어릴적부터 하나님의 말씀을 읽고 묵상하고 순종하며 기도하는 삶을 살아야 가능합니다. 교회 다닌다고 해도 이런 삶을 생활화하지 못한다면 그는 예수 안 믿는 사람과 다를 바가 없습니다.

지금도 늦지 않았습니다. 삶에서 작은 실천을 해 보십시오. 우리 부부가 다니는 교회는 7층짜리 건물인데 저희는 주로 3층에서 예배를 드립니다. 예배가 끝난 후 인파가 몰리면서 엘리베이터 앞은 인산인해가 됩니다. 그런데 7층에서부터 내려온 엘리베이터에는 사람들이 늘 꽉 차 있습니다. 어떤 사람은 3층에서 미리 올라가는 엘리베이터를 타고 다시 아래로 내려갑니다.

하지만 저희는 늘 예배가 끝난 후 그 자리에 앉아 있다가 사람들이 빠지면 나가는 습관이 되어 있습니다. 오래 걸리지도 않습니다. 5-10분만 기다리면 됩니다.

자녀들도 어릴 때부터 믿음으로 정직하게 사랑으로 잘 키워서 인격적인 사람으로 살도록 하시길 부탁드립니다. 한 사람이 바뀌면 세상이 달라지리라 믿습니다.

5장 관계 관리: 복수 대신 용서와 섬김으로

6
CHAPTER

재정 관리 :
인생의 흉년을 대비하라

돈 버는
목적을 분명히 하라

인생 후반을 젊은 시절보다 더 빛나는 황금기로 살기 위해서는 안정적인 재정이 뒷받침되어야 합니다. 저는 소득이 얼마냐보다는 수입이 있을 때부터 개미처럼 부지런히 재정을 잘 관리하고, 건강한 재정 습관을 기르는 것이 지혜롭다고 생각합니다. 재정 관리를 정년퇴직 즈음에 하면 늦습니다. 빨리 시작할수록 좋지만, 30-40대에는 꼭 준비해야 합니다. 노년에 필요한 재정 계획을 어떻게 세울지 살펴 보겠습니다.

젊은이들은 건강하고 젊으니 월급을 받으면 저축이나 노후 준비를 하기 보다 대부분 소비하면서 삽니다. 아이들을 키우느라 드는 비용도 만만치 않습니다. 신용카드를 이용해 수입보다 더 많은 지출을 하면서 살고 있습니다. 어찌 보면 카드로 결제한 것은 빚이라고 할 수 있습니다.

얼마를 버느냐보다 재정을 규모 있게 사용하는 것이 중요합니다. 저는 매달 수입이 들어오면 십일조 등 헌금을 제한 뒤 가장 먼저 일정 금액을 연금(pension) 프로그램에 저축했습니다. 그리고 남은 금액으로 규모 있게 항목을 나누어 각각 얼마씩 쓸 것인지 계획을 세웠습니다. 저의 이런 모습은 자녀들에게 흘러서 이제 손주들도 중고등학생이 되면 이렇게 교육을 받습니다.

미국에서는 만 14세부터 아르바이트를 할 수 있습니다. 제 큰아들은 저에게 배운 대로 자녀들에게 재정 교육을 시켰습니다. 그래서 자녀들이 14, 15세가 되면 주말과 방학 때 아르바이트를 하게 했습니다. 경제적인 여유가 있건 없건 아이들이 적정 나이가 되면 자립심을 키우기 위해 자신의 용돈은 스스로 버는 훈련을 하는 것입니다.

제 손녀는 칙필레(Chick-fil-A)라는 치킨을 파는 프랜차이즈의 한 매장에서 일했습니다. 칙필레는 미국에서 매우 인기 있는 패스트푸드 체인점인데 기독교적 가치를 바탕으로 운영되는 곳입니다.

제 큰아들은 딸이 아르바이트를 해서 월급을 받아 오면 가장 먼저 번 돈의 십일조를 정확히 뗐습니다. 그 다음은 저축 통장에 일정 금액을 제했고, 그 후 남은 돈을 용돈으로 사용하도록 했습니다. 비록 손녀가 일해서 번 돈이지만 용돈도 손녀 마음대로 사용할 수 없게 했습니다. 아이가 어릴 때부터 건강한 소비 습관을 기르고 절제 훈련을 하도록 가르친 것입니다. 가령 고가의 제품을 사기 전에는 부모와 상의 후 쓰도록 교육시킵니다.

"엄마, 제가 모은 용돈으로 ○○을 사고 싶어요."

"그렇구나. 하지만 일주일만 더 고민한 후에 꼭 사야겠다고 결심이 서면 그때 사렴."

이렇게 바로 구매하도록 허락하지 않고 일주일 여유를 두도록 합니다. 자녀가 꼭 필요한 물건인지 신중하게 생각하고 사게 하는 것입니다. 어릴 때부터 이렇게 재정 훈련을 받으면 평생의 좋은 소비 습관이 형성됩니다. 명품을 통해 자신의 모자란 부분을 채우려는 욕구도 없습니다. 그리고 돈에 끌려다니지 않고 돈을 다스리는, 돈의 주인으로 살 수 있습니다.

제가 청년들 대상으로 강의할 때 명품을 사지 말라고 강조합니다.

"우리는 이미 하나님의 걸작품으로 만들어진 존재이기 때문에 명품에게 신세질 필요가 없습니다!"

맞습니다. 우리는 이미 하나님의 소중한 아들, 딸입니다. 내 존재가 이미 명품입니다. 저는 하나님과 친밀히 교제하는 삶을 살기 위해 몸부림치면서 심플 라이프를 몸에 체득하게 되었습니다. 앞서 이야기한 것처럼 나를 위해 돈을 사용하는 것보다 남과 나누기 위해 일을 하고, 돈을 벌었습니다. 그리고 절약하는 삶을 살았습니다.

대학교 다닐 때도 돈을 허투루 쓰지 않고 절약했으며, 용돈 가계부를 썼습니다. 다른 의대생 친구들은 스트레스를 풀기 위해 술 마시고 담배 피우고 심하면 도박까지 했습니다. 저는 주로 교회와 학교와 C.C.C. 동아리방을 오가는 단순한 삶을 살았습니다. 그러니 다른 데 돈 쓸 곳이 거의 없었습니다. 하루는 아버지가 "수웅아, 너는 왜 돈 달라는 소리를 안 하냐? 돈 필요하지 않아?" 하고 여쭤 보시기도 했습니다. 대학생 때부터 습관이 된 가계부 쓰기는 지금까지도 평생 이어지고 있습니다.

마태복음 25장에 어떤 사람이 종들을 불러 각각 그 재능대로 달란트를 맡기는 내용이 나옵니다. 한 달란트 받은 종은 땅을 파서 주인이 준 돈을 감추었습니다. 반면에 두 달란트와 다섯 달란트를 받은 종들은 열심히 일해서 더 많은 달란트를 남겼고 주인한테 돌려드립니다. 그러니까 주인은 종들에게 더 큰 것으로 보상해 줍니다. 우리도 재정뿐 아니라 주님이 맡겨 주신 달란트로 열심히 일해서 더 많은 수익을 남기려는 마음으로 살아야 합니다.

재정 관리는 신혼부부일 때부터 부부가 서로 계획을 세우면 가장 좋지만 언제나 늦은 때는 없습니다. 지금부터 시작하면 됩니다. 얼마를 벌건 소득이 생기면 십일조를 구별해서 드린 다음

무조건 저축하기 바랍니다. 그렇게 하는 사람은 50대 이후에 여유가 생깁니다. 퇴직을 해도 두렵지 않습니다. 물질의 주인은 내가 아니라 하나님입니다. 우리는 하나님이 맡겨 주신 재정을 관리하는 청지기일 뿐입니다. 성경 속 지혜로운 청지기의 대표적인 인물이 요셉입니다. 하나님이 꿈으로 애굽 땅에 7년 풍년과 7년 흉년이 있을 것을 보여 주셨습니다. 요셉은 주님이 주신 지혜로 7년 풍년 동안 곡물을 거두고 그 곡물을 각 성읍에 잘 저장하여 장차 올 흉년을 대비하였습니다. 우리도 요셉처럼 젊을 때, 인생의 풍년일 때 재정 관리를 잘해서 소득이 없는 노후를 대비할 수 있기를 바랍니다.

일정한 소득을 받는
시스템을 마련하라

최근 우리나라도 중장년들이 안정적인 노후생활을 위해 국민연금 외에 개인연금과 연금저축 등 다양한 형태의 금융투자 상품에 가입하여 재정 마련을 준비하고 있습니다. 특히 노년이 되면 현재 살고 있는 자신의 집을 담보로 대출을 받아 연금 형태로 지급받는 역모기지론을 이용하는 분들도 늘고 있습니다. 국가 차원으로도 퇴직 후 안정적인 삶을 유지할 수 있도록 유용한 제도와 정책이 마련되리라 봅니다.

저는 미국에서 일하면서 30대 때부터 '401(k) 플랜'(개인퇴직연금계좌)이라는 펜션(pension) 프로그램에 가입했습니다. 401(k) 플랜은 미국에서 제공되는 퇴직 연금 제도입니다. 60세 이후에 매달 일정 금액을 연금으로 받을 수 있습니다. 그리고 연금 저축을 관리해 주는 에이전시의 담당자가 매달 보고서도 보내 줍니다. 지금껏 내가 얼마를 받았고, 또 잔액이 얼마인지를 투명하게 알려 줍니다. 연금을 관리해 주는 에이전시에서 비전이 있는 기업들에 투자해 주어 거기에서 안정적인 수익을 내고 있습니다. 제가 올해 80세이니 벌써 20년째 연금을 받고 있습니다. 이 돈은 우리가 매달 생활하는 데 필요한 금액뿐만 여러 사역 단체에 지속적으로 하는 헌금과 또 때마다 도움이 필요한 이들에게 기부할 수 있는 금액도 포함됩니다.

모든 것이 하나님께서 황충과 메뚜기를 막아 주시고 보호해 주신 덕분입니다. 갑자기 목돈이 필요한 일이 생기거나 수고한 것을 지켜 주지 않으셨다면 연금 저축을 지키지 못했을 것입니다. 여러분도 자산관리 전문 상담가를 물색하고 미리 상담을 받아서 수입이 끊긴 이후에도 안정적인 소득을 창출할 수 있도록 시스템을 갖춰 놓기를 바랍니다. 그러면 은퇴 후에도 경제적 부담이 줄고 보다 안정적인 생활을 할 수 있습니다.

자산 관리 외에도 지속적인 학습으로 개인마다 경쟁력을 갖출 필요가 있습니다. 퇴직 후에도 많은 소득은 아닐지라도 안정적인 수입을 얻을 수 있도록 자신의 재능과 은사를 살려서 전략을 세우는 것을 퇴직 전부터 하기를 권합니다.

자녀와 선을 긋는
지혜가 필요하다

부모가 정년퇴직할 나이가 되면 대개 자녀들이 대학에 들어가거나 혹은 결혼할 시기와 맞물립니다. 이때 자신의 노후 자금을 충분히 마련해 놓고도 자녀를 도울 여유 자금이 있다면 상관없지만 그렇지 않은 경우는 노후 자금 마련과 자녀를 위한 지출 중 선택을 해야 할 것입니다.

안타까운 것은 우리나라는 자녀들과 재정 문제에 있어 선 긋기를 잘 못하는 것 같습니다. 자식들이 뭐가 필요하다고 하면 부모가 평생 모아 장만한 집도 내주고, 남은 재산 탈탈 털어 주다가 빈털터리가 됩니다. 그렇게 부모에게 손 벌리는 자식은 나중에 부모가 아프면 잘 돌보지도 않습니다. 자녀를 위한 길이 무엇인지 냉철하게 판단할 필요가 있습니다.

정답은 없지만 저는 자녀와 재정적인 문제에는 선을 긋는 지혜가 필요하다고 봅니다. 이것은 재정 관리 훈련과 마찬가지로 자녀가 어릴 때부터 훈련해야 할 영역입니다.

자녀의 재정 훈련 전에 선행되어야 할 것은 가정 예배를 꾸준히 드리는 것입니다. 이를 통해 아이들에게 신앙의 뿌리를 심어 주어야 합니다. 하나님을 경외하고 부모가 서로 사랑하며 자녀를 사랑으로 양육하면 형제간에 우애도 좋고 아이들이 순종적으로 자랍니다. 그리고 자녀가 재정적인 면에서도 자립할 수 있도록 어릴 때부터 훈련시켜야 합니다. 앞서 말했듯 우리 부부는 자녀들이 14, 15세쯤 되었을 때부터 방학 때면 아르바이트를 하게 하고 용돈은 스스로 벌게끔 가르쳤습니다. 그리고 아이들이 대학교에 들어갔을 때 첫 학기 입학금과 등록금 정도만 도와주고 나면 이후 학비와 용돈은 아이들이 알아서 해결했습니다. 그리고 학교도 비싼 사립학교를 보내지 않고 전부 공립중고등학교 혹은 주립대학을 보냈습니다. 주립대학은 사립대학에 비해 등록금이 3분의 1, 혹은 4분의 1밖에 안 됩니다.

저희 세 자녀도 30, 40대부터 노후를 위해 연금 저축에 가입해서 소득의 일정 금액을 이체하고 있습니다. 우리 부부도 노후 준비가 잘되어 있으니 자녀에게 기댈 생각이 없습니다. 자녀들에게도 이렇게 말했습니다.

"아빠 엄마는 노후 준비가 다 되어 있으니까 우리한테 도움 줄 생각은 안 해도 돼. 너희만 잘살면 돼."

부모가 재정에 대해서 자녀들에게 모범을 보여 주길 바랍니다. 그리고 우리 부부는 아이들이 성인이 된 뒤에도 재정 면에서 선 긋기를 확실히 했습니다. 첫째 딸은 대학교 때부터 학자금 대출을 받아서 졸업했고, 결혼 자금도 대출을 받아서 마련했습니다. 결혼하고 보니 갚을 빚이 너무 많았습니다. 이자가 10퍼센트 이상 되는 대출금도 여러 개였고 늘 빚에 허덕였습니다. 자기 선에서 최대한 여러 대출금을 낮은 금리로 대체했으나 한계에 부딪히자 하루는 저에게 전화를 걸었습니다.

"아빠, 대학 다니고 결혼하느라 은행에서 대출 받은 게 많아요. 대부분 정리했는데 이자가 7퍼센트 되는 얼마의 대출금이 남았어요. 이자 내는 게 너무 아까운데 아빠가 여윳돈이 있으면 먼저 갚아 주시면 안 돼요? 제가 지금 직장생활하고 있으니 아빠 돈은 부지런히 갚을게요."

제 속마음은 딸의 빚을 모두 대신 갚아 주고 싶었습니다. 하지만 그 방법은 제 딸에게 유익이 되지 않을 것 같았습니다. 그래서 "그래? 그럼 아빠가 먼저 갚아 줄게. 대신 이자를 3퍼센트씩 줘" 하고 말했습니다. 딸이 내 요구를 받아들이더니 열심히 번 돈으로 빌려간 돈을 3년 만에 깨끗이 갚았습니다.

삼부자의 행복한 투자

제 자녀들은 서로 돈을 빌리더라도 절대로 공짜로 주는 경우가 없습니다. 제 막내아들은 연봉이 높은 직장에 일찌감치 취직하여 모아 놓은 돈이 있었고, 또 재테크에도 재능이 있어서 결혼 전에 조그마한 집을 하나 사고 싶어 했습니다. 그 집의 가격은 당시 약 30만 달러였는데 구입하려면 그 금액의 20퍼센트 이상이 필요했습니다. 아들에겐 7만 달러 정도가 필요했습니다. 막내아들은 수중에 3만 5천 달러를 갖고 있었습니다. 막내아들이 저에게 "괜찮은 집을 하나 발견했는데 그 집을 사고 싶어요. 아빠가 부족한 돈 3만 5천 달러를 빌려 줄 수 있으세요?"라고 말했습니다.

아들에게 "나는 3만 5천 달러가 없다"라고 하자 막내아들이 "그러면 아빠 집을 담보로 빌려 주세요"라고 했습니다. 자기 소유의 집을 장만하는 데 아빠인 나는 부족한 돈만 빌려주면 된다고 했습니다. 그리고 덧붙여서 만약 그 집을 사게 되면 형님과 형수님을 세입자로 해서 월세를 받을 거라고 했습니다.

가만히 생각해 보니, 제가 막내아들에게 돈을 빌려주는 것은 문제가 없으나 전도사로서 갓 결혼한 큰아들 부부가 동생 소유의 집에서 셋방살이하게 된다면 모양새가 좋지 않을 것 같았습니다.

저는 살짝 고민한 뒤 이렇게 제안했습니다.

"막내야, 아빠가 3만 5천 달러를 빌려주마. 대신 3만 5천 달러 중 1만 5천 달러만 너에게 빌려 주고, 2만 달러 중 1만 달러는 내가 형에게 빌려주어 형의 이름으로 그 집에 투자하고, 또 다른 1만 달러는 내 이름으로 투자하마. 따라서 그 집은 아빠, 형, 너 이렇게 세 명이 공동 투자하는 것이다. 나중에 그 집을 팔게 된다면 각각 투자금의 비율만큼 분배하는 걸로 하자."

우선 큰아들이 너무 기뻐했습니다. 아버지가 빌려준 1만 달러로 세입자가 아닌 투자자로 새 집에 당당하게 들어갈 수 있고, 아내에게도 면이 서게 됐기 때문입니다. 말로는 큰아들에게 돈을 빌려준다고 했지만 저는 그 돈을 받을 마음이 없었고, 나중에 그 집이 팔려서 큰아들 내외가 나가게 되더라도 1만 달러로 다른 집을 구할 수 있는 종자돈이 생기게 되어 좋았습니다. 그랬더니 막내아들도 좋다고 했습니다. 이렇게 삼부자가 서로 협력하여 새 집을 갖게 되었습니다. 모두가 행복한 결정을 내리게 되니 형제간에 우애가 더 돈독해졌습니다.

이처럼 돈을 많이 버는 것도 좋지만, 더 중요한 것은 주님이 주신 지혜로 현명한 결정을 내려 재정을 사용하는 것입니다. 부모가 본이 되어 자녀를 현명하게 가르치기 바랍니다.

마땅히 행할 길을 아이에게 가르치라 그리하면 늙어도 그것을

떠나지 아니하리라 잠 22:6

7

CHAPTER

일상 관리 :
세상에 적극적으로 들어가라

Active Senior

스마트 에이징 라이프

나이가 들면서 쌓이는 장점들이 있습니다. 젊은 시절부터 쌓아 온 다양한 경험과 문제 해결 능력과 판단력 등으로 젊을 때보다는 신중해지고 통찰력 있는 결정을 내릴 수가 있습니다. 세상의 여러 풍파를 겪으면서 인내심도 생기고 감정을 조절하는 능력도 생깁니다. 사람들과의 관계도 풍성해지고 자신에 대한 이해의 폭도 깊어집니다.

그런데 디지털 세상이 되면서 많은 변화를 겪고 있습니다. 디지털 기술로 세상은 엄청난 속도로 발전하고 생활도 편리해졌지만, 그에 적응하지 못한 고령자들은 더욱 움츠러들고 그들의 자존감에 상처를 남기고 있습니다.

우리는 하나님의 사랑을 받는 소중한 존재입니다. 세상에 주눅 들고 나이 든다고 우울해하지 말고 하나님이 주신 비전을 이루는 하루하루를 살아야 합니다. 이를 위해 똑똑하게 나이 드는 습관을 소개합니다. 일명 스마트 에이징 라이프(Smart Aging Life) 입니다. 영어 'SMART'의 앞 글자를 따서 건강하고 활기차게 나이 드는 생활 습관 다섯 가지를 알려 드리겠습니다.

첫째, 'S'는 스마일(smile), 미소입니다. 항상 기뻐하는 것입니다. 제가 병원에서 일할 때 항상 웃고 다녀서인지 별명이 '스마일 맨'이었습니다. 저는 유머를 늘 개발하고 주위 사람과 웃으면서 나눕니다. 제 막내 손주가 8세쯤 되었을 때 우리 집에서 한 달 정도 같이 살았는데 아이가 집으로 돌아가면서 제게 편지를 남겼습니다. 그 편지 마지막에 저를 'Smiling Face'라고 지칭했을 정도였습니다. 그 손주는 지금도 내가 늘 웃어 주어서 좋았고, 그것이 자신도 웃게 한다고 말합니다. 저는 제 꼬마 손주가 그런 말을 해 주어서 정말 큰 감동과 행복을 경험했습니다.

둘째, 'M'은 무브(move)입니다. 가만히 있지 말고 움직이라는 뜻입니다. 가볍게 산책하는 것도 좋고 우리 시대 사람이면 다 아는 국민체조를 해도 좋습니다. 우리 부부는 둘이 국민체조를 하곤 하는데 다 하고 나면 30-40분 정도 소요됩니다. 큰 운동은 아니지만 집안에서 날씨에 구애받지 않고 할 수 있고, 하고 나면 기분이 참 좋아집니다. 그리고 우리 부부는 매일 손을 잡고 아침

일찍 산책을 합니다. 하루에 7,000보에서 1만 보 정도를 걸으면 건강에 큰 도움이 됩니다.

셋째, 'A'는 감사(appreciate)입니다. 항상, 모든 일에 감사하라는 뜻입니다. 그리 아니하실지라도 감사, 그렇게 하시니까 더 감사, 그렇게 하실 줄 알고 미리 감사, 그럼에도 감사, 범사에 감사 등 감사의 종류도 여러 가지입니다. 저는 감사가 입에 습관처럼 배어 있습니다.

넷째, 'R'은 안식(relax)입니다. 창세기에 나오는 '안식'이 'relax'입니다. 집착을 버리고 편하게 살라는 뜻입니다. 스트레스가 쌓일 때 모든 것을 아시는 하나님께 고백하고 맡겨 버리십시오. 저는 긴장되는 일 앞에서 하나님의 말씀을 암송하거나 묵상하면서 긴장을 풀곤 합니다. 문제에 대한 집착을 버리고 일단 시선을 다른 데로 돌려 보십시오. 숨을 깊게 들이쉬고 내뱉는 복식호흡도 긴장 완화에 좋습니다. 그러면 몸에 다시 에너지가 생성됩니다.

다섯째, 'T'는 투게더(together)입니다. 저는 친구나 형제들을 주기적으로 만나 대화를 나눕니다. 우리는 마음에 썩 내키지 않더라도 사람들과 자꾸 어울려야 합니다. 가까이는 배우자와 가족, 친구, 이웃들과 함께해 보십시오. 혹 불평이 많고 매사에 부정적인 사람이라면 나도 쉽게 영향을 받으니 그들과의 만남은 절제하고 내일을 기대하고 꿈꾸며 예수님 안에서 살려고 하는 친구들과 가까이하시기 바랍니다. 요즈음은 스마트폰으로 영상통화를 손쉽게 할 수 있어서 멀리 사는 지인들과도 관계를 잘 유지할 수 있습니다.

건강한 사람들의 공통 습관

전 세계 장수하는 사람들의 공통점이 있습니다.

첫째, 규칙적인 생활입니다. 저는 젊은 시절부터 규칙적인 생활을 습관으로 삼고 있습니다. 학창 시절에 방학이 되면 계획표를 짜듯이 하루에 무엇을 할지 스케줄이 있었습니다. 말씀 읽고 묵상하고 암송하는 시간부터 운동하는 시간, 책 읽는 시간 등을 미리 계획한 뒤 그 일정을 가급적 지킵니다. 그러면 시간을 낭비하지 않을 수 있습니다.

둘째, 소식(小食)입니다. 위장이 가득 차도록 먹지 말고 80퍼센트 정도만 차도록 드십시오. 과식은 좋지 않습니다. 식사한 후 간식을 많이 먹는 것도 좋지 않겠지요. 밤에 라면이나 치킨 등 야식을 먹는 것도 몸에 좋지 않습니다. 위장이 힘들어하기 때문입니다. 위장은 한계가 있습니다. 그런데 그 한계를 넘어 과식하거나 야식을 즐겨 먹는다면 위장이 화를 냅니다. 그리고 요동을 치면서 힘들다고 항의합니다. 그때 몸에 나타나는 증상은 배앓이입니다. 속도 쓰립니다. 따라서 아침 점심 저녁, 규칙적으로 먹고 가능하면 밤 8시 이후에는 아무것도 안 먹는 게 좋습니다. 위장을 잘 돌봐 주어야 합니다. 그리고 위장이 우리가 자는 동안 소화를 잘하도록 시간을 줘야 합니다.

건강은 예방이 가장 지혜로운 방법입니다. '소 잃고 외양간 고치기' 식의 건강 관리는 위험합니다. 우리 몸은 정직합니다. 좋은 음식을 먹어야 건강이 유지된다는 것은 상식입니다. 다이어트 한다고 채식만 하거나 탄수화물을 아예 안 먹거나 하지 말고, 고기도 드시고 적당한 탄수화물도 드시기 바랍니다. 균형 잡힌 식단이 중요합니다.

셋째, 적당한 운동과 충분한 잠입니다. 중년부터는 격렬한 운동보다 약간의 땀이 나는 정도의 운동을 하는 것이 아주 중요합니다. 잠도 일정한 시간에 자는 것이 좋습니다. 밤 12시에 잤다가, 새벽 2시에 잤다가, 또 밤 10시에 잤다가 하면 몸의 리듬이 깨져서 불편함을 느낍니다. 내 몸은 규칙적인 생활을 편하게 생각합니다.

즐거운 마음으로 일하라

현재 일하고 있다면 즐거운 마음으로 하십시오. '마음먹기 나름'이라는 격언도 있듯이 자신이 어떤 일을 하고 있는가보다 어떤 마음과 자세로 그 일을 하는가가 중요합니다. 목구멍이 포도청이어서 일한다면 나도 힘들고 남도 힘들어집니다. 그런 마음은 속히 버리십시오.

한 가난한 청년이 빌딩에서 청소 일을 하고 있습니다. 이 청년은 돈이 없어서 청소 일을 해야 한다는 사실이 불만이었습니다. 돈 많은 부모를 둔 다른 사람과 비교하며 신세 한탄을 했습니다. 하지만 어느 날 마음을 바꿔 먹기로 했습니다. '나는 돈을 벌기 위해 청소하는 것이 아니다. 내가 지금 하는 일은 이 지구를 살리는 것이다'라고 선포한 것입니다. 이런 생각을 하니 일이 너무 재미있어졌다고 합니다.

혹 지금 하고 있는 일이 즐겁거나 기쁘지 않다면 그 일에 의미를 부여해야 합니다. 다른 사람이 동기부여해 줄 수는 없습니다. 스스로 의미를 부여해야 합니다. 예를 들어, 내가 책을 쓰고 있다고 합시다. 글쓰기 훈련이 안된 사람에게는 굉장히 힘든 일입니다. 지금 당장 쉬고 싶고, 다른 일을 하고 싶지만 참고 꾸준히 글을 쓰다 보면 나중에 글들이 모여 책으로 출간될 것입니다. 나중에 이 책을 읽을 사람에게 얼마나 큰 도움을 줄까 하는 마음으로 쓰면 그 시간을 견뎌 낼 수 있습니다. 그러다 글쓰기가 훈련되면 즐거운 마음까지 듭니다.

저는 마취과 의사였습니다. 인류 최초의 마취과 의사는 하나님입니다. 창세기 2장 22절을 보면 하나님은 아담을 깊이 잠들게 하신 후 그의 갈빗대로 여자를 만드셨습니다. 깊이 잠들게 하는 것이 바로 마취과 의사가 하는 일입니다.

대부분의 사람은 마취를 하기 전에 두려움을 느낍니다. 긴장을 많이 하니까 심장 박동이 굉장히 빨라지고 혈압도 높아집니다. 심하면 무서워서 울기도 하고 수술을 안 받겠다고 하는 사람도 있습니다. 그래서 체격이 건장한 미국 사람도 전부 제 앞에서는 아주 공손했습니다. 그때마다 저는 그들에게 "하나님은 당신을 사랑하십니다. 저도 당신을 사랑합니다"라고 말하며 위로해 줍니다. 이어서 "생명은 하나님께 달려 있고 하나님이 수술 중에 당신과 함께 계십니다. 제가 당신이 안전하게 수술받을 수 있도록 도와드리겠습니다” 하고 안심시킵니다. 그런 뒤 잠깐 기도 해 주거나 찬송가를 불러 드리기도 합니다. 저의 그 모습을 본 간호사들이 가끔 저한테 도움을 청하곤 합니다.

“닥터 박, 어떤 환자가 수술을 받기 직전인데 지금 덜덜 떨고 수술을 안 받겠다고 난리예요. 당신이 와서 좀 도와주세요.”

제가 담당한 환자는 아니지만 저는 그의 손을 잡고 기도해 줍니다. 아무것도 염려하지 말라고, 하나님이 당신을 사랑하고, 보호해 주실 거라고 이야기해 줍니다. 다른 사람도 아니고 의사 가 그런 말을 해 주니 환자는 편안한 마음으로 수술받겠다고 결 심합니다. 그러니 저는 직장 일을 하면서 항상 즐겁고 기뻤습니 다. 우리 병원에서 제 별명은 해피스트 닥터(Happiest Doctor) 그리 고 해피스트 맨(Happiest Man)이었습니다.

미국 배우 조지 번스는 100세까지 살았습니다. 어느 인터뷰 어가 생전에 그에게 장수 비결을 물었습니다. 그는 “내가 하고 싶은 일을 하는 것이 장수의 비결”이라고 대답했습니다. 그리고 “사람은 나이만큼 늙는 것이 아니라 당신이 생각하는 만큼 늙는 다”라고 이야기했습니다. 따라서 내가 기쁘고 감사하고 끊임없 이 주님을 찬양하며 살면 나이에 상관없이 젊어집니다. 이런 사 람은 스트레스가 쌓이고 문제가 몰려 와도 걱정하지 않습니다. 모든 염려를 주께 맡겨 버리기 때문입니다. 물론 현실적으로 문제는 여전히 남아 있습니다. 하지만 문제만 보고 걱정하는 것이 아니라 문제 너머 모든 것을 합력하여 선을 이루실 하나님을 믿고 의지함으로 기쁨 가운데 거할 수 있습니다.

사랑하는 자여 네 영혼이 잘됨 같이 네가 범사에 잘되고 강건하기를 내가 간구하노라 요삼 1:2

하나님과 관계가 좋아지면 내 모든 일을 하나님께 맡김으로 범사가 잘 되면서 몸도 영혼도 강건해집니다. 몸만 치료받는 데에는 한계가 있습니다. 육체를 넘어 마음도 치유하고 그다음에 전인격이 치유되어야 진정으로 건강해집니다. 요한삼서 1장 2절의 말씀처럼 영혼과 마음과 몸이 다 건강해야 합니다. 이 말씀을 경험하며 살기를 바랍니다.

5감사와 1, 10, 100, 1000, 10000 법칙

늘 즐겁고 기쁘고 감사한 마음을 유지하기에 좋은 습관이 있습니다. 다섯 가지 감사 거리를 기록하는, 일명 '5감사'입니다. 물론 감사한 내용이 다섯 가지가 넘을 때도 있지만 적어도 다섯 가지 감사를 규칙적으로 쓰면 늘 마음에 감사와 기쁨이 있습니다. 또 평강이 있고 영, 혼, 육이 건강해집니다. 특별한 상황이 와야 감사를 기록할 수 있는 것은 아닙니다. 그저 숨 쉴 수 있는 것, 두 다리로 걸어 다닐 수 있음에 주님께 감사할 수 있습니다. 감사가 버릇되고 습관이 되면 아주 좋습니다.

저는 집회를 가려고 출발할 때마다 "주님, 감사합니다" 하고 고백합니다. 도착하고 나서도 "주님, 감사합니다", 집회를 마치고 돌아올 때도 어김없이 "주님 감사합니다" 하고 아룁니다. 이제는 습관이 돼서 저도 모르는 사이에 그 말이 나옵니다.

감사하게도 제 주변에서도 "장로님은 어떻게 앉기만 하

면 '감사합니다'라는 말만 하세요"라고 이야기하곤 합니다. 정말 모든 것이 하나님의 은혜입니다. 여기에 곁들여 '1, 10, 100, 1000, 10000의 법칙'을 실행하십시오. 즉 하루 한 가지씩 좋은 일을 하고, 하루 열 사람을 만나고, 하루 100자를 쓰고, 하루 1,000자를 읽으며, 하루 1만 보씩 걷는다면 이보다 더 훌륭한 노년은 없을 것입니다.

첫째, 하루 한 가지씩 좋은 일을 하고 기록해 보십시오. 어떤 것이 있을까요? 직장 동료의 휴지통이 꽉 차 있는 것이 보인다면 내 휴지통을 버리러 가는 길에 함께 버려 줄 수 있습니다. 그리고 어려운 일을 당해 실의에 빠진 친구에게 만나자고 하여 이야기를 들어 주고, 따뜻한 밥 한 끼 대접할 수 있습니다.

둘째, 하루 열 명의 사람을 만나는 것입니다. 직장인이라면 매일 만나는 같은 부서 사람 말고 날을 정해서 다른 부서 사람들과도 약속을 잡아 보기 바랍니다. 혹 직장생활을 하지 않고 있다면 친구와 점심 약속도 하고 새로운 모임에도 참여하는 등 만남을 갖기 위해 노력해 보기 바랍니다.

교회 소그룹에 참여하는 것도 중요합니다. 내가 원하는 소그룹이 없다면 목사님의 허락 아래 만들어 보십시오. 비슷한 나이끼리 모여 친교하는 것도 좋고, 비슷한 취미를 가진 사람들끼리 모여 활동하는 것도 좋습니다. 늘 만나는 사람들과만 지낸다면 성장이 더딥니다. 나와 다른 생각과 경험을 가진 새로운 만남을 통해 사고의 틀도 깨지고 통찰력도 얻을 수 있습니다.

셋째, 하루 100자를 쓰는 것입니다. 100자 정도면 일기 쓰는 것으로 충분합니다. 만약 성경 말씀으로 큐티를 한다면 묵상한 내용을 짧게 기록해 보는 것도 좋습니다. 저는 큐티 때 마음에 와닿은 말씀과 내용을 매일 기록합니다.

넷째, 하루에 1,000자를 읽는 것입니다. 1,000자라 해도 책으로 따지면 몇 쪽 되지 않습니다. 10-20페이지 정도가 이에 해당합니다. 성경을 비롯해 다양한 장르의 책을 조금씩이라도 매일 읽어 보십시오. 사고의 폭이 넓어질 것입니다.

마지막으로, 하루에 1만 보 걷기입니다. 식사 후 30분 정도 산책하거나, 엘리베이터 대신 계단을 이용해서 조금만 움직이면 가능합니다. 요즘은 스마트폰 애플리케이션 중에 정해진 걸음 수를 채우면 마일리지를 주고 현금화하여 사용할 수 있도록 하는 장치가 마련되어 있기도 합니다. 스스로 건강을 챙겨 행복한 인생 후반을 보내길 바랍니다.

존경받는 어른을 위한 세븐업(7-up)

누구나 존경받는 어른이 되기를 원할 것입니다. 이를 위해 훈련이 필요합니다. 세븐업(7-up)이라는 청량음료 브랜드에 맞춘 일곱 가지 지혜를 소개합니다.

첫째, 클린 업(Clean up)입니다. 자신을 깨끗하게 하라는 뜻입니다. 냄새가 나지 않도록 자신과 자기 주변을 깨끗하게 해야 합니다. 그리고 책상과 집 등 모든 곳을 깨끗하게 유지해야 합니다. 무엇보다 내 마음을 깨끗이 청소해야 합니다. 걱정, 근심, 염려, 두려움 등을 모두 주님께 던져 버리길 바랍니다.

둘째, 드레스 업(Dress up)입니다. 이는 옷을 잘 입으라는 의미가 아닙니다. 용모를 단정하게 하라는 뜻입니다. 크리스천이 늘 얼굴을 찌푸리고 있다면 상대방에게 부담을 줍니다. 웃는 얼굴을 보여야 합니다. 또 의상이 구질구질하면 안 됩니다. 명품을 사 입으라는 의미가 아닙니다. 옷을 잘 다려 입거나, 깨끗하게 세탁한 옷을 보기 좋게 코디하여 입으면 됩니다.

셋째, 셧 업(Shut up)입니다. 말하기보다 듣는 훈련을 하라는 의미입니다. 나이가 들수록 말이 많아지는 경향이 있습니다. "라떼는 말이야"라는 말을 자주 쓰면 누가 좋아하겠습니까. 내가 말만 하면 젊은 후배들이나 자녀들이 '또 설교 시작했다'라고 생각하지 않도록 말하기보다 듣기를 더 좋아하길 바랍니다.

넷째, 쇼우 업(Show up)입니다. 나타내고 보여 주라는 의미입니다. 기회가 될 때 모임에 참석하라는 뜻입니다. 중년이 되면 새로운 만남이 피곤할 수 있습니다. 사회적으로 위축되어 집에만 있으려는 분도 있을 것입니다. 하지만 용기 내어 새로운 사람과 새로운 모임에 적극 임하면 생각지도 못한 기회를 얻을 수 있습니다. 그리고 새로운 것을 배울 기회도 됩니다.

다섯째, 치얼 업(Cheer up)입니다. 유쾌한 분위기를 만드는 것입니다. 우리 가족이 모이면 아이들이 저에게 "아빠는 치어리더 같아"라는 말을 하곤 합니다. 제가 유머를 많이 하니 굉장히 즐겁다는 겁니다. 저는 유머를 많이 모아 놓았습니다. 병원에서 일할 때도 점심시간에 유머를 많이 사용했습니다. 교회에서도 성경 퀴즈, 난센스 퀴즈를 많이 준비해서 이야기하곤 했는데 사람들이 재밌다고 또 해달라는 말을 많이 했습니다.

3년 여 동안 섬겼던 사랑의병원에서 대표원장으로 일하면서 간호사와 환자들이 저 때문에 많이 웃고 항상 즐거워해서 병원에 좋은 영향을 미쳤습니다. 우리가 가는 곳마다 우울하거나 시무룩한 분위기가 떠나고 밝고 유쾌한 분위기가 되도록 만들기 바랍니다. 그런 삶이 빛과 소금처럼 사는 삶이라고 생각합니다.

여섯째, 페이 업(Pay up)입니다. 지갑을 열고 돈을 쓰라는 의미입니다. 섬길 기회가 있을 때 적극적으로 베풀고 나누고 섬기길 바랍니다. 가족이나 친구들 모임이 있을 때 슬쩍 자리를 떠나는 사람이 아니라 내가 지불하겠다는 마음으로 내는 사람이 되기를 원합니다.

일곱째, 기브 업(Give up)입니다. 버릴 것은 과감히 포기하라는 것입니다. 여력이 안 되는데 미련을 가지고 '저거 해야 했는데' 하며 후회하지 말고 내려놓을 것은 다음 기회를 기다리며 믿음으로 포기하는 자세를 가져야 합니다. 저는 오랫동안 모아 두었던 잡동사니들을 다 치우고 대청소를 했습니다. 물론 미련이 남는 물건도 있었지만 과감히 청소하고 버렸습니다.

지금까지 소개한 세븐업을 실천하면 건강을 유지할 뿐 아니라 언제든 환영받는 존재가 될 것입니다.

액티브 시니어의 6가지 DNA

젊을 때, 한창 잘나갈 때는 자신이 꽤 괜찮은 사람으로 평가받았을 것입니다. 하지만 정년퇴직이 가까워지고 나이가 들면서 스스로 쓸모없는 신세라고 여길 때가 있을 것입니다. 이를 '뒷방 늙은이'라고 부르지요. 하지만 나이가 들어도 여전히 현역처럼 에너지가 넘치는 삶을 살기 위한 여섯 가지 요소(DNA)가 있습니다. 성경 인물 중 대표적으로 모세가 액티브 시니어(Active Senior)에 해당합니다. 액티브 시니어가 되기 위한 전제 조건은 바로 하나님과의 친밀한 관계입니다.

첫째, 영성입니다. 영성은 바로 하나님과 깊은 사랑의 관계를 맺는 것입니다. 모세는 시내산에서 하나님과 40일간 독대하며 깊은 대화를 나누었습니다. 그는 십계명이 기록된 두 돌판을 들고 시내산에서 내려왔는데 여호와로 말미암아 얼굴 피부에

광채가 났습니다. 하나님과 가까운 사람은 얼굴에서 빛이 납니다. 하나님을 만남으로 평안을 누리기에 평온과 기쁨이 깃드는 것입니다. 날마다 기도와 말씀 묵상으로 하나님과 사랑의 대화를 나누어 보십시오. 아가서의 고백처럼 하나님과 친밀함을 누릴 때 하나님이 나의 오늘을 세밀하게 인도해 주심을 경험할 수 있습니다. 하나님과 깊이 교제하면 영성이 깊어지고, 이윽고 주위에도 선한 영향력을 발휘할 수 있습니다. 젊은이들이 기도 부탁을 할 수 있는 신뢰할 만한 시니어가 됩시다.

둘째, 지성입니다. 즉 하나님 나라를 깊이 탐험하고 통찰하는 지혜입니다. 하나님 말씀을 읽고, 듣고, 연구하고, 묵상하면 순간순간 하나님이 주시는 지혜가 생깁니다. 지혜의 근본은 하나님이시며, 여호와를 경외하는 것이 지혜의 근본이기 때문입니다(잠 9:10). 아프리카 속담에 "노인 한 명이 죽는 것은 도서관 하나가 사라지는 것과 같다"는 말이 있지요. 액티브 시니어는 오랜 세월 살아오는 동안 인생의 경륜이 쌓여 있습니다. 그 경륜을 세상에 흘려보낼 수 있습니다.

셋째, 인플루언서로서의 역할, 즉 영향력입니다. 하나님과 친밀히 교제하기 위해 몸부림치고 늘 주님을 따르려고 힘쓴다면 은퇴하고 70, 80대가 되어서도 주변에 영향력 있는 삶을 살 수 있습니다. 사람들이 그의 주변에 모여 조언을 구할 것입니다. 액티브 시니어는 인생의 경륜을 다음세대까지 전달하는 역할을 합니다. 저는 지금도 결혼상담, 연애상담, 성(性)상담 등을 열심히 하고 있습니다.

넷째, DNA는 관계력입니다. 주변 사람들과 좋은 관계를 유지할 뿐만 아니라 전 세대를 믿음으로 연결하는 넓은 품을 가진 사람입니다. 액티브 시니어는 노년이 되었어도 청년, 중장년 못지않게 인생의 황금기를 삽니다. 그리고 자신의 풍성한 경험을 다른 사람에게 연결해 줍니다. 공동체를 편 가르거나 나누는 것이 아니라 하나 되도록 힘써서 다 같이 성장할 수 있습니다.

다섯째, 소명의식입니다. 노년이 되어서도 언제나 꿈을 꿔야 한다는 말입니다. 액티브 시니어는 새로운 인생을 준비하는 창조적 전략가의 역할을 합니다. 갈렙은 85세 때 여호수아에게 "이 산지를 지금 내게 주소서"(수 14:12)라고 했습니다. 보통 사람은 80세가 되면 '이제 끝났다'라고 생각하지만 액티브 시니어는 '이제 시작이다' 하며 도전을 두려워하지 않습니다. 하나님으로부터 늘 새로운 소명을 받습니다. 모세, 여호수아, 갈렙, 다니엘

등을 생각하면 인생은 80부터입니다. 그때가 빛나는 황금기(단 12:3)입니다. 나이에 상관없이 멋진 인생을 누릴 수 있습니다.

여섯째, 청지기 사명입니다. 우리 몸, 마음, 재산, 경험, 능력 등은 모두 주님의 것입니다. 우리는 그저 청지기로서 대신 관리하는 것뿐입니다. 하나님이 주신 모든 것, 특히 영, 혼, 육을 건강하게 관리할 사명이 있습니다. 하나님과 친밀히 교제하면 이 사명을 잘 감당할 수 있습니다.

이 여섯 가지 DNA는 성경 말씀을 바탕으로 한 내용입니다. 이를 몸에 새기고 평생 실천한다면 죽을 때까지 쓰임 받으리라 믿습니다.

평강의 하나님이 친히 너희를 온전히 거룩하게 하시고 또 너희의 온 영과 혼과 몸이 우리 주 예수 그리스도께서 강림하실 때에 흠 없게 보전되기를 원하노라 살전 5:23

우리는 이 세상에서 벗어나 단절한 삶을 사는 것이 아니라 세상에 적극적으로 들어가 액티브 시니어로서 늘 새로운 비전으로 변화를 추구해야 합니다. 사도 바울처럼 푯대를 향하여 하나님이 부르신 부름의 상을 위해 달려가야 합니다.

푯대를 향하여 그리스도 예수 안에서 하나님이 위에서 부르신
부름의 상을 위하여 달려가노라 빌 3:14

웰 다잉을 준비하라

누구나 죽음을 맞이합니다. 한 명도 예외가 없습니다. 우리는 죽음을 잘 준비하고 맞이해야 합니다. 죽는 게 무섭다고 회피해서는 안 됩니다. 독일의 신학자 본회퍼는 나치의 감옥에서 사형을 당하기 전에 "나는 본향으로 돌아갑니다. 여러분 모두를 하나님 아버지의 집에서 뵙기를 원합니다"라는 말을 남기고 당당히 사형장으로 갔습니다. 성경적인 웰 다잉은 '세상에서 없어지는 것이 아니라 세상을 떠나 아버지께로 가는 것'입니다.

제가 얼마 전 동창 모임에 나갔습니다. 동창 중에는 불신자들도 많았습니다. 저는 복음을 전하며 이들이 예수님 믿기를 권면했습니다.

"우리가 이제 80세가 넘었지요. 우리는 고향에서 태어나서 타향에서 살다가 본향으로 돌아가는 사람들입니다. 돌아갈 본향이 분명히 있는 사람들은 행복한 귀향을 꿈꾸는데, 본향을 모르고 아직도 방황하고 있는 사람들이 이 안에 있습니다. 여러분들은 그 본향에 가기 위해서 예수 그리스도를 만나야 합니다. 예수님이 예비하신 아버지 집에 가게 되길 바랍니다."

전도는 우리 모두의 사명입니다. 어디에 가든 불신자가 있다면 전도해야 합니다. 예수님은 사명을 훌륭히 마치고 웰 다잉을 하신 좋은 예입니다.

아버지께서 내게 하라고 주신 일을 내가 이루어 아버지를 이 세상에서 영화롭게 하였사오니 요 17:4

예수께서 신 포도주를 받으신 후에 이르시되 다 이루었다 하시고 머리를 숙이니 영혼이 떠나가시니라 요 19:30

예수님은 다 이루셨습니다. 예수님은 십자가를 지는 사명을 잘 감당하셨습니다. 하나님 아버지의 뜻을 완벽하게 수행하셨습니다.

다윗은 하나님으로부터 "내 마음에 맞는 사람이라"(행 13:22)는 평가를 받았습니다. 사도 바울은 "내가 달려갈 길과 주 예수께 받은 사명 곧 하나님의 은혜의 복음을 증언하는 일을 마치려 함에는 나의 생명조차 조금도 귀한 것으로 여기지 아니하노라"(행 20:24) 했으며, "나는 선한 싸움을 싸우고 나의 달려갈 길을 마치고 믿음을 지켰으니"(딤후 4:7)라고 했습니다. 나는 하나님께 어떤 평가를 받을 것 같습니까. 지금부터라도 하나님의 마음에 맞는 사람, 하나님 나라를 위해 최선을 다하는 사람이 되어야 하지 않겠습니까.

저는 우리가 마지막까지 사명을 지키는 사람이 되길 바랍니다. 사명을 잘 감당하는 것이 웰 다잉의 첫 번째입니다. 그것이 바로 축복의 통로로 사는 삶입니다. 나이가 들수록 옆에 남아 있는 사람은 배우자밖에 없습니다. 배우자에게 잘 대해 주십시오. 배우자와 행복한 동행을 하십시오. 그리고 다른 사람들이 잘되도록 도와주십시오.

앞에서도 말했지만 저는 제자가 많습니다. 어느 제자는 형식적인 크리스천이었는데, 저와 2년 정도 성경공부를 하고 제자훈련을 받고는 변화되어서 선교사로 갔습니다. 저희 부부가 그와 만나서 교제를 했는데, 장로님을 만난 게 하나님이 우리에게 주신 은혜라고 말하더군요. 자기가 선교사의 삶을 살게 되어 너무 행복하다고 했습니다. 나뿐 아니라 다른 사람도 잘살게 되는 것, 더불어 잘살게 하는 축복의 통로가 되는 것이 우리 삶의 목적이 아니겠습니까.

사명이 있는 사람은 삶이 더 풍성해집니다. 많은 사람을 옳은 데로 돌아오게 합니다(단 12:3). 저는 그래서 오늘도 내일도 아주 기대됩니다. 내일을 기대하며 사는 사람은 노인이 아니라 청년입니다. 우리 모두 멋진 청년으로 끝까지 살기를 기도합니다.

웰 다잉의 두 번째는 죽음을 잘 준비하는 것입니다. 많은 사람이 죽음을 잘 준비하지 못하고 우왕좌왕하다 떠난다고 합니다. 영정사진이나 수의를 미리 준비할 뿐, 그 외의 것은 준비를 못합니다. 우리나라에서 유언장을 쓰는 비율이 4-5퍼센트라고 합니다. 그러니 자녀들이 상속 문제로 법정에서 많이 다투는데 상속 소송 건수가 연간 5만 건이라고 합니다. 그런데 80퍼센트가 1억 원 미만의 재산으로 법정다툼을 벌인다고 합니다(《한국교회 트렌드 2025》 중에서).

우리 자녀들이 다툼을 벌이지 않도록 유언장을 미리 작성하기를 권합니다. 먼저, 가족에게 신앙적 유언을 남기세요. 그리고 가족과 이웃에게 감사를 표하고, 용서를 구할 일이 있으면 용서를 구하며, 또 나에게 잘못한 사람을 용서하십시오.

웰 다잉의 세 번째는 재산 문제를 정확히 정리하는 것입니다. 생이 얼마 안 남았을 때 하지 말고 미리 준비하십시오. 교회나 사회단체에 일부 기부도 하고, 나머지는 자녀들에게 배분해 주십시오. 저는 이미 리빙 트러스트(Living Trust)를 통해 유언장을 작성했습니다. 우리 아이들에게 3분의 1씩 돌아가도록 했고, 자녀들에게도 알렸습니다. 우리나라 은행에도 이러한 제도가 있는 것으로 알고 있습니다.

웰다잉의 네 번째는 장례를 위해 미리 준비하는 것입니다. 제가 의사로 살 때 어느 선교사님 사모님이 본인이 장지를 파는 일을 하는데 사정이 어려우니 좀 도와 달라고 부탁을 했었습니다. 그때는 수입이 있던 때라 그 선교사님을 도와주기 위해 우리 부모님 장지와 우리 부부 장지를 사서 마련해 두었습니다. 햇볕이 잘 드는 아름다운 동산에 저희 장지가 있습니다.

저희 부모님을 그곳에 모셨고, 훗날 저와 아내도 거기에 묻힐 것입니다. 자녀들의 신세를 질 것 없이 자기 장례를 미리 준비하는 것이 지혜롭습니다.

웰다잉의 다섯 번째는 마지막 작별인사를 준비하는 것입니다. 야곱은 창세기 49장 1-28절에서 자녀들과 손주들을 모아 마지막 유언을 합니다.

야곱이 그 아들들을 불러 이르되 너희는 모이라 너희가 후일에 당할 일을 내가 너희에게 이르리라 너희는 모여 들으라 야곱의 아들들아 너희 아버지 이스라엘에게 들을지어다 창 49:1-2

야곱처럼 자녀들과 손주들에게 작별 인사 및 아름다운 유언을 미리 작성해 보십시오. 하나님을 경외하고 하나님께 영광을 돌리는 자손들이 되도록 축복해 주세요. 손주들에게는 평소에도 축복기도를 해 주시기를 바랍니다. 저는 손주가 어렸을 때부터 어깨에 손을 얹고 안수기도를 해주었습니다. 아이들이 부모의 기도대로 하나님을 경외하고 하나님을 사랑하며 살도록 이끌어 주십시오. 신앙이 대대로 흘러가는 믿음의 명문 가문이 되기를 기도합니다.

내일을 기대하며 사는 사람은 노인이 아니라 청년입니다.

함께 찬란한 인생을 만들어 가요

다니엘의 삶을 묵상해 봅니다. 그는 유다 왕국의 귀족 가문 출신으로, 바벨론 제국의 느부갓네살왕에 의해 포로로 끌려갔습니다. 다니엘은 바벨론에서 교육을 받으며 왕의 궁정에서 일하게 되었고, 그의 지혜와 꿈 해석 능력 덕분에 왕의 신임을 받았습니다. 심지어 그는 바벨론의 느부갓네살뿐만 아니라 벨사살, 메대의 다리오, 바사의 고레스까지 총 네 명의 왕 아래에서 고위 관리로 활동했습니다.

그는 하나님을 믿지 않는 이방 민족의 왕들에게 '하나님을 경외하는 자'로 인정받으며 선한 영향력을 미쳤습니다. 다리오 왕도 하나님이 살아계시고 영원하시며 권세가 무궁하다고 고백했습니다(단 6:26-27).

지혜 있는 자는 궁창의 빛과 같이 빛날 것이요 많은 사람을 옳

은 데로 돌아오게 한 자는 별과 같이 영원토록 빛나리라 단12:3

이 말씀에서 "궁창의 빛"은 하늘에 빛나는 별과 태양을 의미합니다. 즉 밤이나 낮이나 온종일 모든 땅을 빛나게 합니다. 또 다니엘은 많은 사람을 주께로 돌아오게 한 사람입니다. 이러한 사람은 별과 같이 영원토록 빛나게 해 주신다고 하나님이 약속하셨습니다.

빛나는 황금기를 맞은 우리도 다니엘처럼 하나님을 경외함으로 세상에서 빛을 발하며, 우리의 선한 영향력이 영원히 기억되면 좋겠습니다.

나이가 들어 가면서 초조해하거나 도전을 멈추지 말고 인생에서 가장 빛나는 시절이 되도록 계속 꿈꾸고 비전을 향해 나아가기를 바랍니다. 그러한 삶을 살려면 무엇보다 하나님과 동행하고 그분의 인도하심을 받으며 살아야 합니다. 미래 이력서를 작성하고 하나님의 결재를 받으십시오. 삶의 중요한 결정이나 방향을 정할 때 하나님의 지혜를 구하고 그분의 뜻을 따르는 순종이 필요합니다.

그는 우리의 하나님이시요 우리는 그가 기르시는 백성이며 그의 손이 돌보시는 양이기 때문이라… For he is our God; and we are the people of his pasture, and the sheep of his hand.⋯ (KJV)

시 95:7

하나님은 제 가정, 자녀, 공동체를 돌보셨고, 제가 모든 것을 건강하게 경영할 수 있도록 지혜를 주시고 순간마다 도와주셨습니다. 앞으로도 최선을 다해 빛나는 황금기를 감당하도록 붙잡는 두 가지 말씀이 있습니다.

내가 달려갈 길과 주 예수께 받은 사명 곧 하나님의 은혜의 복음을 증언하는 일을 마치려 함에는 나의 생명조차 조금도 귀한 것으로 여기지 아니하노라 행 20:24

나는 선한 싸움을 싸우고 나의 달려갈 길을 마치고 믿음을 지켰으니 이제 후로는 나를 위하여 의의 면류관이 예비되었으므로 주 곧 의로우신 재판장이 그날에 내게 주실 것이며 내게만 아니라 주의 나타나심을 사모하는 모든 자에게도니라 딤후 4:7-8

푯대를 향하여 그리스도 예수 안에서 하나님이 위에서 부르신 부름의 상을 위하여 달려가노라 빌 3:1

인생 후반이 이렇게 찬란하다고?

사도 바울이 부름의 상을 위해 달려간 것처럼 저도 끝까지 경주하려 합니다. 하나님이 80세인 저를 지금도 평신도 말씀 사역자로 사용하시는 것은 젊은 날부터 하루도 빠짐없이 해온 영적 습관을 귀히 여겨 주신 상이라고 생각합니다. 하나님은 우리가 인생에서 한 발 뒤로 물러나기를 원치 않으십니다. 예수님이 그러하셨듯이 '하늘에 계신 아버지의 뜻이 이 땅에서도 이루어지도록' 우리의 삶을 날마다 새롭게 하기 바라십니다.

이 책을 통해 내일의 희망이 없던 사람에게 매일을 기대하게 하는 복을 주시길 기도합니다. 주님 안에서 새로운 출발을 기대하십시오. 하나님의 손길 안에 거하는 당신은 인생 후반에 새로운 역사를 써 나갈 것입니다.